「会社員」として生きる。

石川和男

きずな出版

はじめに

「会社員」ほど恵まれた環境はない

「会社員」という言葉から、あなたはどんなイメージを持ちますか。
一般的には、ネガティブな連想をする人が多いと思います。

「自由な時間が少ない」
「上司に部下、めんどうな人間関係にふりまわされる」

「がんばっても給料はほとんど変わらない」
「毎年少しずつしか年収は上がらない」
「自分のやりたいことができない」

たしかに、これらは事実です。組織で働きます。就業時間も決まっています。集団ですからコミュニケーションも生まれます。給料にばらつきをもたせることもあまりできません。こうしたデメリットは、たしかにあります。
しかし、それを踏まえても、私があなたに伝えたいのは

会社員は最高の働き方である

ということです。

とくに「日本の正社員」は、あなたが考えている以上にメリットだらけです。

最近は副業を解禁している企業が増えています。

会社員を続けながら、インターネットビジネスやSNSを利用して、個人でお金を稼ぐ方法がたくさんあります。

いまの日本では「会社員として働く」ことに、大きな価値があるのです。

にもかかわらず、多くの人が会社員のメリットを実感できていないのはなぜでしょうか。

メリットがあることを、だれもいわないからです。

たとえば、成功者や著名人を思い浮かべようとしても、いわゆる「勤め人」は浮かびません。

芸能人やスポーツ選手はマネジメント契約を結んでいるフリーランスですし、メディアで取材を受けるのは経営者や個人事業主です。

ビジネス書、実用書を書いている人でも、私のような建設会社に勤めているサラリーマンは少数派です。

多くは経営者や、コンサルタント、研修講師をしている人です。

反対に、「会社員」が出てくるとしたら、ドラマや小説、マンガといったフィクションの世界です。

しかも、そこで描かれる会社員は、上司に怒鳴《どな》られたり、顧客の理不尽に付き合わされたりして、ストレスがたまっていることが多い。

私たちは知らず識《し》らずのうちに、

「すごい人＝会社員ではない人」

「つまらない人＝会社員」

というイメージを刷り込まれているのです。

そういった先入観があるから、会社員のよくない面ばかりに目が向いてしまいます。そして、会社員のすばらしい点に気づかずにすごすのです。

会社員をやめてわかった「お金が減る」恐怖

私は現在、建設会社で総務部長をしながら、副業として大学講師、セミナー講師もしています。

また、ビジネス書の著者として、累計18冊の本を出版しています。サラリーマンをやめても、生活できます。

それでも、やめるつもりはありません。なぜなら、会社員をやめるリスクを、身に沁《し》みてわかっているからです。

私は新卒で入った会社を、税理士資格の勉強に専念するため、7年勤めたのちにやめました。

もちろん、収入が減ることはわかっていましたから、2年は働かなくても暮らしていける貯金をためていました。

貯金があるから、大丈夫だと安心していたのです。

しかし、無収入生活をやって、わかりました。

「ただただ預金口座の残高が減っていく恐怖」

当時は妻と暮らしており、2人とも無職。生活費は家賃などを含めて月に25万円かかっていました。毎月25万円が口座から減っていくのです。4か月で100万円、1年で300万円がなくなります。

銀行口座からお金がただただ減っていく恐怖は、ものすごいプレッシャーを与えてきます。

私は**「毎月決まった日に、決まった額の給料が振りこまれる」ことの貴重さを実感しました。**

会社員として働いていると、毎月給料が入ってきます。

しかし、それは当たり前ではないのです。

毎月決まった日に、決まった金額のお金が入ってくる。

そのことが、私たちの心を安定させてくれます。

長年会社員をやっていると、給料が毎月入ってくるのが当たり前になります。

まるで空気のような存在になり、失って初めて貴重だったことに気づくのです。


2020年から世界的に感染が拡大した新型コロナウイルスによる経済的混乱も、「会社員ってすごい」と感じるきっかけになりました。

あなたもご存じのように、感染症の拡大は「人と人との接触」を避ける風潮を社会全体に広めました。それに起因して、イベントやセミナー、講演会の中止・

延期の連続。

私の知り合いには、セミナー講師を生業《なりわい》にしている人も少なくありません。

彼らの話を聞くと、「半年先くらいまで入っていた仕事がほとんどキャンセルになった」といっていました。

そうなると、当てにしていた収入が入ってきません。

私もコロナ禍《か》になって、とたんに講師業の仕事が激減しました。

それでも私が不安にならずに済んだのは、会社員として毎月給料をいただいているからです。

「会社員という立場」を使いこなすために

本書は、出版業界でも数少ない「サラリーマン作家」の私が、「会社員としてうまく生きていく方法」をお伝えする本です。

一点だけ、注意していただきたいことがあります。

会社員はすばらしく恵まれた立場ですが、かといって**「会社員であれば安泰だ」と考えてはいけない**ということです。

日本の正社員は、ほかのさまざまな働き方と比べるとはるかに安定しています。しかし「絶対安泰」ではないのです。

たとえば、勤めている会社の業績が悪化すれば、業務縮小、リストラの波が押し寄せるかもしれません。

会社で成果を出していないと、居づらくなります。

40〜50代で、早期退職者リストに入れられ、リストラの対象になる可能性もあります。漫然と日々を過ごしていた人が、そのときになってから慌てても間に合いません。

終身雇用、年功序列から、能力主義の時代へ。

会社員で居続けるには、**「会社から求められる人材」**であり続ける必要があります。

結局、この世に「絶対安全」な場所などありません。

ただし、**会社員という立場がもっとも「安定」と「自由」を両立させられる、優れた働き方であることはたしかです。**

私たちがいま身につけるべきは、会社員という立場にしがみつく方法ではありません。

ほんとうに大切なのは、会社員という立場をうまく使いこなし、いざというときのために、会社員でなくなっても困らない力を身につけ、会社員として楽しみながら生きていくことなのです。

そのヒントを、本書に詰めこみました。

あなたのお役に立てていただけたら幸いです。

石川和男

もくじ

第1章

会社員だけがもっている7つのメリット

第2章

仕事に「やりがい」はなくてもいい

第3章

出世はしてもいいし、しなくてもいい

第4章

会社の人とは仲良くしなくていい

第5章 残業ゼロ・定時で絶対帰る仕事術

第6章 人生を豊かにする転職・副業・趣味

【装丁】櫻井浩（⑥Design）
【本文デザイン】五十嵐好明（LUNATIC）

第1章

会社員だけがもっている7つのメリット

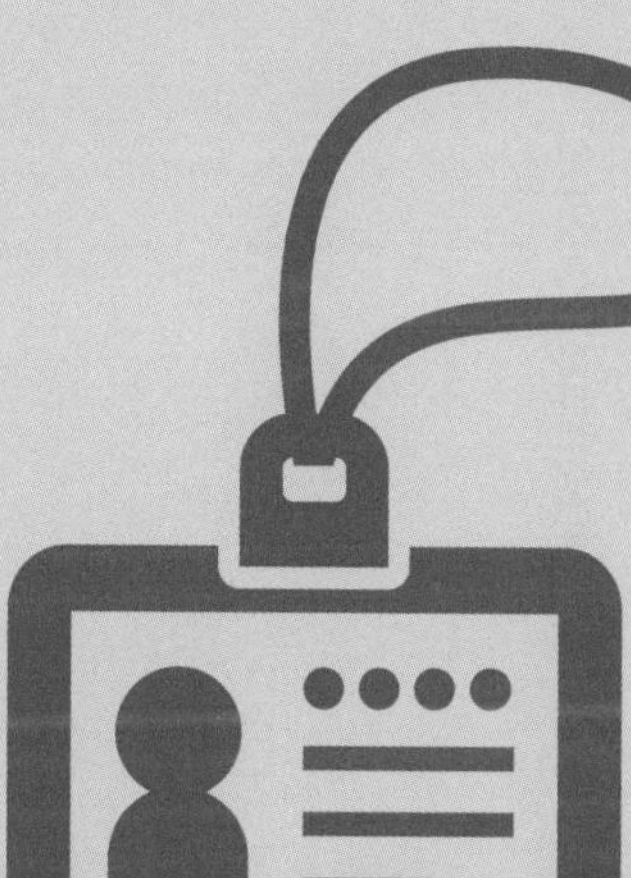

メリット①

会社員は「会社の信用」を借りられる

建設会社をやめ、リフォーム事業を行う会社を立ち上げた人がいました。

会社勤めのなかでリフォームのノウハウを学んだので、自分ひとりでやったほうが自由に仕事はできるし、収入も多くなると見込んでいました。

その彼はどうなったか。

お客様をぜんぜん獲得できず、結局、もといた会社の下請けをすることになったのです。

下請けの仕事も毎月定期的にあるわけではありません。

金額も月によってマチマチです。そのため、彼は古巣の建設会社にもどることになりました。

起業して最初にぶち当たる壁は「営業」です。

お金を払って頼むということは、その人の能力や、人間性を信頼することにほかなりません。

どれだけ仕事ができる人でも、そのことを相手に伝え、わかってもらわないと依頼はきません。

初対面の人は、あなたがどんな能力を持ち、どんな人間かを知りませんから、まずは知ってもらう必要があります。

それがじつは、たいへんなのです。

中小企業庁のデータによれば、新しく設立された会社のうち、5年後も存続している会社は全体の40％ほどだといいます。**たった5年で、2社に1社近くはこの世からなくなってしまうのです。**

また、起業した場合、創業者である社長が、借入金の連帯保証を組まなければならないこともあります。

もしも会社が借りたお金を返済できなかった場合、社長であるあなたが個人的に返済しなければならないことになります。

場合によっては、会社の倒産といっしょに自己破産しなければならない……という事態もありえます。

「会社の信用」は、会社員に与えられた武器

会社員は、ファーストコンタクトの時点で「会社の信用」を借りられます。

個人の能力や人間性を知らなくても、所属している会社や実績が、あなたとい

う人間の信頼性を高めてくれるのです。

新卒の社員を考えてみればわかりやすいですよね。去年まで学生だった個人を信用してくれる取引先はありません。この会社に勤めているから、信用されているのです。

「この会社の社員だということは、この会社が『能力がある』と認めたんだろう」と受け止めたのです。

取引規模にもよりますが、ビジネスは1つの案件につき数百万～数億円のお金が動きます。

個人としての信用がなくても、会社の信用力を借りてそうした経験ができるのは、すごいチャンスです。

会社の名前と信用を使うことは、会社員に与えられている最強の武器なのです。

武器は、使ってこそ価値が生まれます。

会社の信用とは、創業者がその会社を立ち上げ、これまで働いてきた社員の人たちの努力の上に支えられています。

自分でゼロからそれを築いていくのは、並大抵のことではありません。貴重なものですから、しっかり活用させていただきましょう。

メリット②

会社員は「安定収入」を得られる

とあるラジオ番組を聞いていたところ、だれもが知っている**超人気俳優さんが「ローンの審査が通らない」**と嘆《なげ》いていました。

映画にドラマ、CMにと引っ張りだこな人気者で、日本アカデミー賞も受賞しているすごい人です。

にもかかわらず、ローンが組めないのです。

これは別に、その俳優だけに限った話ではありません。年収ウン億円と稼いでいる芸能人でも、住宅ローンの審査に落ちてしまったり、もっとひどいとクレジットカードの審査も通らない、なんてことがあるそうです。

なぜかというと、**ローンの審査で重要視されるのは、収入の「安定性」だからです。**

多くの芸能人はプロダクションに所属していますが、かといってプロダクションに雇われて、給料をもらっているわけではありません。

マネジメント契約を結んで仕事を斡旋《あっせん》してもらっているだけで、要はフリーランサーなのです。

フリーランサーの場合、今年の年収が1億円でも、翌年も1億円稼げるかは保証されていません。

芸能界は人気の浮き沈みが激しい世界です。世間の風向きが変わって、なぜか人気がなくなってしまうこともあるでしょう。

また、当人が事故や事件を起こしたら、仕事が一気になくなるだけではなく、損害賠償を請求されるリスクもあります。

その意味で、貸す側としては、その人がこれから何十年も安定的にお金を返し続けられるかどうか、シビアに判断するのです。

もちろん芸能人だけの話ではありません。

マンガ家や作家、ユーチューバーなど、組織に属さない個人事業主は、会社員よりもローンの審査に通りにくくなります。

そのため、会社員から独立する人へのアドバイスとして、「会社をやめる前にクレジットカードはつくっておけ」「ローンは組んでおけ」というものがあります。

会社員の場合、クレジットカードを申し込めば作れます。車や家のローンも、毎月の収入に見合っていれば審査に通ります。

なぜなら、会社員は絶対なる信用を得ているからです。会社員でいることで安定した収入を得ていることを高く評価されているのです。

単発的な高収入よりも、安定的な収入を稼ぎ続ける人が信用されます。

「安定収入」という価値のすごさ

会社員は会社組織の一員として働いているので、**仕事ですごい成果をあげても、すべて自分の収入になるわけではありません。**

たとえば会社に1億円の売上をもたらしても、自分がその5割にあたる5000万円をもらえるかというと、そんなことはありませんよね。せいぜい、年2回のボーナスが多めに支給されるくらいでしょう。

これは当然といえば当然です。

1億円の売上をもたらせたのは、もちろん個人の努力もあります。

しかしそれが果たせたのは、企業がこれまでに積み上げてきた信用や、広告宣伝、商品開発、資金繰り、なによりあなたが営業に専念できるように、ほかの仕事をすべてやってくれたほかの社員の存在があるからです。

個人事業の場合、1億円の売上をあげれば自分の判断で使い道を決めることができます。

ただし、それも経費や税金を差し引いた額です。もしかしたら1億円の売上のために1000万円の経費がかかったかもしれません。そして、そのための信用獲得、雑務などもすべてこなさなければならないのです。

同じだけの売上が今後も得られるかもわかりません。

SNSで「月収ウン百万円」という話を聞くとつい憧《あこが》れてしまいますが、その裏には必ず、苦労や、将来への不安があります。

要は、「高収入だけど不安定」と、「一定収入だけど安定」のどちらを選ぶかということです。

少なくとも、一度会社をやめて無収入の恐怖を味わった私には、後者が魅力的に映ります。

メリット③

会社員はめったなことではクビにならない

知り合いから「迷惑な社員がいる」と愚痴《ぐち》を聞かされたことがあります。
仕事は必要最低限しかやらず、酒グセも悪い。同僚たちは辟易《へきえき》していました。
そういった社員でも、会社はなかなかクビにできないのです。
日本の正社員は、よほどの理由がない限り、簡単にクビにできません。
正社員をクビにするには3つの方法があります。

◉普通解雇
◉懲戒解雇
◉整理解雇

「普通解雇」は、その社員の能力や協調性がいちじるしく欠如《けつじょ》していて、業務をまっとうできない、支障をきたす場合が当てはまります。

ただ、冒頭のようなケースの場合、遅刻をしたり飲み会で多少暴れたりしても、仕事は最低限こなせているようなので、これには該当しません。

能力不足で解雇する場合も、会社としては「能力を向上させる努力」「配置転換などの工夫」をして、それでも仕事ができないことを客観的に証明しなければなりません。

それをしないで解雇して、もし従業員が裁判沙汰《ざた》にした場合、会社が負ける可能性が高いのです。

強制的に解雇される「懲戒解雇」とは

「懲戒解雇」は、社内の秩序をいちじるしく乱した人間をペナルティ的に解雇することです。

犯罪に手を染めたとか、経歴を詐称《さしょう》した場合はこれに該当します。長期間にわたり無断欠勤をした場合も該当します。

セクハラやパワハラなども、懲戒解雇の理由になることもあります。

副業も注意です。

厚労省は企業の就業規則の規範となる「モデル就業規則」のなかで「許可なく他の会社等の業務に従事しないこと」という文言を、2018年1月に削除しました。

世間的には「会社員にも副業が解禁された」と受け止められています。

ただしこれは、**「企業は社員の副業を禁止してはいけない」ということではあ**

りません。

会社によっては、社員の副業を禁止しているところもあります。

そういった**会社で許可なく副業した場合、職業規則違反で懲戒解雇の対象になる可能性があります。**

最後の「整理解雇」はリストラです。会社の経営が厳しくて、人を減らさざるを得ない場合です。

ただし、過去の判例から、次の4つの条件を満たす必要があります。

（1）どうしても人員整理をする必要性があること
（2）人を解雇しないで会社経営をなんとかする努力をしたこと
（3）解雇する人の選び方が妥当であること
（4）従業員に十分説明したこと

会社にとってかなりハードルが高いですよね。

端的にいうと「リストラをやらないと会社がどうしても存続できない」と客観的に証明しないかぎり、正社員をクビにはできないのです。

このように、正社員はいろいろな条件がそろわないと、クビになりません。

かなり優遇されています。

だからといって安穏《あんのん》としていられません。

40代～50代を対象に「早期退職」を求める企業もあります。

最近では「役職定年」を設けている会社もあります。たとえば55歳になったら部長や課長などの役職が解かれ、一般社員に戻るシステムです。

いままで部下だった年下が上司になる!

20代の若者と同じ給料になる!

精神的にきついと思います。

やはり、会社に求められ続ける人材であり続ける努力は必要なのです。

メリット④

会社員はめんどうなお金のことを勉強しなくていい

経理部に毎月、経費精算を提出するのをめんどうだという人もいますが、とんでもないことです。

むしろ、会社が定めたフォーマットに従って記入し、領収書を集めるだけで、あとは経理担当者がやってくれるのは、個人事業主の人からすれば、うらやましい限りです。

毎月、給料から天引きされる源泉徴収も、**自分で税金を勉強したり、納税する手間が省《はぶ》けます。**

会社員は年末調整に必要な書類を書き、生命保険料控除や住宅ローン、医療費控除の書類を経理担当者に渡せばおしまいです。

独立している場合、1年間の収支を自分で計算し、たとえば法人税がいくらになるか、所得税がいくらになるか、消費税がいくらになるか……などを計算し、期日までに自分で確定申告や納税をしなければなりません。

税制上で有利になる青色申告を利用するためには、損益計算書や貸借対照表をつくる必要もあります。

計算を間違えて、本来納めなければならない税金よりも少なく申請してしまうと、ペナルティが課せられます。

私も会社員の給与以外に多方面から収入が入ってくるので確定申告を毎年していますが、申告業務はほかの税理士にお願いしています。

「税理士の資格を持っているんだから、自分でやればいいじゃないか」といわれることもありますが、**確定申告の準備は、それくらいめんどうなのです。**

会社員の場合、給料による収入だけなので、とくに節税対策を考える必要がありません。

一方、独立している場合、税理士に任せっきりで自分の税金を知らなくていいわけではありません。

税理士に任せればラクですが、節税がやりにくくなります。

税理士は税務署から文句を言われないような安全ラインで申告しようとします。攻めた節税効果を狙いたいなら、自分で税金の仕組みについて理解し、税理士にお願いする必要があります。

会社員は自分の仕事に集中できる

会社員のすばらしいところは、自分の仕事の領域が定められる点です。

たとえば、営業の仕事をしている人は、決算書をつくったり、ほかの人の給与を計算したりする必要がありません。

私は建設会社で総務と経理を任されています。

建築施工や営業をすることはありませんが、「やらなければいけないこと」は星の数ほどあります。

たとえばちょっと挙げただけでも、次のようなことがあります。

◉資金繰り　◉予算管理　◉原価計算　◉郵便物の発送、受け取り　◉切手や印紙、コピー用紙の補充　◉従業員の住民税や市民税、社会保険料の支払い　◉給与計算、賞与などの査定　◉社内の掃除や蛍光灯の交換、備品の管理　◉電話やメールでの問い合わせ応対　◉お年賀やお中元、お歳暮などのあいさつ　◉社員の健康診断の手配　◉請求書発行　◉領収証、レシートの管理　◉会社のホームページの更新　◉新規採用者や退職者にまつわる各種手続き……

仮にあなたが営業職や企画職だったら、**これらの仕事はすべて、総務や経理、財務、人事担当者がやってくれているのです。**

営業部に配属されたら営業の仕事だけ、経理部に配属されたら経理の仕事だけに集中することができます。

会社員は「資金繰り」を考えなくていい

フリーランサーや個人事業主の場合、先に挙げたことはすべて自分でやらなければいけません。

自分でホームページを作成・更新し、営業や宣伝活動をして自分で仕事をとり、自分で請求書をつくって発送し、自分で入金を管理しなければいけないのです。

総務、経理、営業、企画などの仕事をすべてひとりで行うことになります。

とくに「入金管理」は重要です。総務、経理、営業、企画などの仕事をすべてひとりで行うことになります。

会社員の場合、給料日になったら自分の口座に給料が入ってきます。

一方、フリーランサーや個人事業主は、仕事を請け負っても期日までに報酬が入ってくるとは限りません。

発注先の資金繰りが悪く、入金が遅れることもあります。

あるいは、請求書を送ったのに忘れられる。

ひどいケースだと、仕事が終わったあとに値引きを要求されたり、難癖をつけられて支払われなかったりすることもあります。

報酬は仕事を終えて数か月後に入るのが一般的です。

どの仕事のお金が、いつ、どのくらい入るかをしっかり管理していないと、売上はあるのに現金が足りないため、仕入先に支払いができず、倒産することもありえます。

会社だと、資金繰りで頭を悩ませるのは経営者と経理部（財務部）の仕事です。担当部署以外の人間が気を揉む必要はありません。

その意味でも、会社員というのは、自分の専門性の高い仕事に集中できる、すばらしい環境なのです。

メリット⑥

会社員はお金をもらいながらいろいろ学べる

大学や専門学校、各種資格試験の学校など、なにかを学ぶときには必ず「学びたい人がお金を払う」システムです。

しかし、会社員は違います。**お金をもらいながら、さまざまな経験を積み、学ぶことができるのです。**

とくに日本では「新卒一括採用」が主流です。賛否両論はありますが、世界でも非常に珍しい採用スタイルです。

社会人経験がまったくない、マナーもスキルもゼロの学生が、いきなり正社員という待遇で雇われながら、いろいろ教えてもらえる。採用される側にとっては、たいへんありがたいシステムなのです。

アメリカでは、たとえ20代前半の若者であっても、企業はその人が持っているスキルを重要視します。

「会社に入れて、すぐに稼げる人間か」をシビアに判断します。具体的には、資格や、数字で示せる客観的な実績です。

そのため、アメリカの学生はインターンシップに行ったり、企業でアルバイトをしたりして、自分で実務的な能力を身につけるのです。

一方、日本の新卒採用で重視されるのは「快活さ」「やる気」「コミュニケーション能力」「頭のよさ」「協調性」といった、なにをもって判断しているかわからない抽象的な基準です。

イジワルな言い方をすれば、「見せかけようと思えば見せかけられる能力」です。やる気がなくても練習を重ねることで「やる気があります」と口角を上げて笑顔で伝えることができます。

とくに社員教育や福利厚生に力を入れている会社なら、研修やセミナーに参加できたり、先輩から手取り足取り実地訓練をしてもらえたりします。

会社も、新入社員が3年くらいは利益をもたらせないことは承知しています。失敗をしたり、結果が出なかったりしても評価は悪くなりません。

会社員はお金をいただきながら成長することができるのです。会社員は実費で勉強している人たちと比べ、たいへん恵まれています。

マナーを学べるのは若いうちだけ

最近は日本でも学生のうちに起業する人が増えてきました。しかし、タイミングは考えるべきです。

社会人としてのルールやマナーを身につけないと、うまくいかないことが多いからです。学生起業で成功している人の場合、すでに成功している社会人をメンター（指導や助言をくれる、尊敬できる人）にして、その人から学んでいるケースも多くあります。

また、起業の判断をするときは**「あとからでもできるかどうか」**を重視したほうがいいでしょう。

起業は何歳になってからでもできます。

たとえば出口治明《はるあき》さんがライフネット生命を立ち上げたのは、60歳のときです。それまで日本生命で働き、そこで得た経験や人脈をフルに活用して会社を興し、成功させたのです。

しかし逆に、50歳をすぎてから正社員になるのはたいへんです。

個人としてすごい実績があれば別ですが、難しいのが実情です。

いろいろな経験や学習を給料をもらいながらさせてもらえる新卒会社員のポジションを、かんたんに捨ててしまうのはもったいないです。

メリット⑦

会社員は失敗しても最終的な責任を負わない

私は現在、総務と経理の部長を担当しています。

部長は、部署全体の管理責任を負うことになるので、気疲れすることも多々あります。

しかし、このプレッシャーも、社長の比ではありません。たとえば部署以外の社員がなにかしでかしても、極論をいえば「傍観者《ぼうかんしゃ》」でいられます。

しかし**社長になると、どの部署の人間でも、自分の組織の社員である限り、不正や犯罪をしたら、最終的な責任を取らなければなりません。**

それに比べたら、会社員はラクなのです。

あるいは新しいビジネスにチャレンジしたい場合、会社員なら、企画を通せば自分のお金を一銭も使わず、会社が全額その費用を出してくれます。

失敗すれば責任を取らされたり、会社に居づらくなることもあるでしょう。**しかし、あなた個人のお金が減ったり、借金を背負うことはありません。**

また、会社の決裁をとっていれば、ビジネスが失敗した責任は上司や経営者にもあります。

会社が被《こうむ》った損害を社員個人に請求することはありません。

その意味では、**会社員はむしろ、個人事業主よりも思い切ったことを提案したり、チャレンジすることができるのです。**

私も会社員として土地売買、大型工事の融資業務、新会社設立、本社移転など、さまざまなプロジェクトのリーダーとして大きな案件を扱ってきました。

何億円も借り入れたり、出資者を募《つの》る業務、何十人もの人に手伝ってもらって行う仕事は、私がフリーランスだったら、到底なしえない事業です。

会社員だからこそ、やりがいのある仕事、凄いこと、多くの資金や人材を使った大胆なチャレンジができるのです。

会社員は働けなくなってもお金がもらえる

会社は働いている者同士が支え合って成り立つ組織です。それが会社員の「安定」に直結しています。

たとえば、**突然の病気や事故で仕事ができなくなっても、会社に属していれば、だれかしらがあなたの代わりになってくれます。**

私は、20代のころ、深夜なのにどうしてもハンバーガーが食べたくなり、自宅から車を走らせました。

前方の車が一時停止を無視して飛び出してきたため、車と塀に挟まれて救急車で搬送。初めて救急車に乗り、集中治療室へ。

運転していたので運転席に乗っていたのは当たり前なのですが、事故後は助手席にいました。事故の衝撃で身体がフロントに当たり、運転席から助手席に移動していたのです。

それほどの事故だったため、会社を長期間休むことになりましたが、そのときの給料は全額支給され、生活に困ることもありませんでした。

休んでいる間は、会社の仲間が仕事を分担してくれたり、当時ひとり暮らしで身内もいないなか、社員が見舞いや必要なものを持ってきてくれました。

私の場合はたいへん恵まれていましたが、もし働けないことで会社からその期間の給与が支払われなかったとしても、健康保険には「傷病手当金」という制度があります。月給の3分の2くらいのお金が支給されます。

産休や育休などの休暇制度も認められるようになってきました。

夏季休暇や有給休暇も、会社員が与えられている「休む権利」です。

フリーランサーや個人事業主はこうはいきません。働けなくなったり休んだりすれば、その分だけ、ダイレクトに収入が減ります。

会社員でない人は自由に休むことができますが、こうした代償のうえに成り立っているのです。

第2章

仕事に「やりがい」はなくてもいい

仕事のやりがいを無理に求めない

「仕事が楽しくない」

「やりたい仕事がわからない」

「もっと一生懸命に取り組める仕事がどこかにあるんじゃないか」

などと考えている人もいるかもしれません。

もちろん、やりがいを持ち、楽しく取り組めるのはすばらしいことです。

そのような仕事に巡《めぐ》り会えた人は幸運です。

だからといって**「やりたい仕事」や「熱意を持って取り組める仕事」に就けなかった人が不幸かといえば、そんなことはありません。**

仕事は生きていくためのお金を稼ぐ手段と割り切るのも、悪い生き方ではありません。

よく「ライフワーク」といいますが、ライフワークとは「人生をかけてする仕事」「天職」のことを指します。

一方、「ライスワーク」とは、その名のとおりライスつまり、ごはん。「ごはんのために仕事をする」という考え方です。

無理に仕事にやりがいや楽しさを求める必要はありません。むしろ、それを求めすぎ、仕事を好きになれないで自己嫌悪におちいることのほうが問題です。いつか好きになるかもしれない。そんなスタンスで大丈夫なんです。

「苦手じゃない」「嫌いじゃない」という気持ちを大事にしましょう。

いま一度、あなたの毎日の仕事を思い返してみてください。

不平不満はあるかもしれません。それでも仕事がこなせているのであれば、少なくとも「あなたに向いていない仕事」ではないのです。

多少イヤなことがあっても、その仕事を続けたほうが、長期的に見たときにいいかもしれません。

もしもあなたが、

「プライベートは多少犠牲にしてもかまわないから、全身全霊をかけて打ち込める仕事を探し出して、のめりこみたい！」

というのであれば、やりがいを持てる仕事を探すのに一生懸命になるのもアリでしょう。

でも、趣味を楽しんだり、家族との時間も大切にしたいなら、無理に仕事にやりがいを求めなくてもいいのではないでしょうか。

仕事をライスワークと割り切るのもいい

また、「仕事にやりがいを求めない」と、別のメリットも生まれます。

生産性のない仕事を減らす。
残業も休日出勤もできるだけしない。
優先順位の高い仕事を速く終わらせる。
やらなくていい仕事を見つける。
整理整頓して、探すというムダな時間をなくす。
このように効率的な働き方を目指すはずです。

趣味やプライベートの時間をつくるために、仕事が速い、有能な存在になる。
そのために働き方を工夫することを心がける。

本書の第5章「残業ゼロ・定時で絶対帰る仕事術」のテクニックを活用し、仕事が速くなっていけば、結果的に仕事も楽しくなって「ライクワーク」になっているかもしれません。

仕事で必要以上の成果を出さなくてもいい

仕事をするということは、「お金をもらう」ということです。

お金をもらうためには、少なくとも自分が手にするお金以上のものを、会社に提供しなければいけません。

仕事である以上、自分がもらう給料以上の貢献をしなければなりません。それが会社員として働く人のルールです。

言い換えると、最低限のハードルさえ越えていれば、それ以上のことを無理してがんばる必要もないのです。

会社員のすばらしいところは、自分のやるべき仕事の内容と量があらかじめ定められている点です。

たとえばセールスパーソンは「ノルマ」というものをネガティブにとらえてしまいがちです。しかし逆に考えれば、ノルマさえクリアしてしまえば、それ以上がんばることは無理に求められないわけです。

もちろん、「必要以上にがんばるのはバカバカしい」「そんなものは無駄だ」という意味ではありません。

あなたが「この会社が好きだから」「お客様にすばらしい商品を使ってもらいたいから」あるいは「出世したい」「年収をアップさせたい」などの理由で、成果を出すためにがんばるのもいいでしょう。

結論をいうと**「どちらでもいい」**ということです。

がんばってもいいし、がんばらなくてもいい。あるいは、基本的にはがんばるけど、調子が悪いときは無理しない、というスタンスもいいのです。

ゼロか100かで考えず、状況に応じて、どのくらいがんばるかを変える。ストレスをため、残業を続け、体をこわす働き方をしない。そんな選択も必要です。

会社員は「社長のお手伝いをしている」と考える

仕事にやりがいを見つけられずに悩んでいる人へ贈る、気持ちがラクになる1つの考え方。それは、**「社長のお手伝いをしている」と考えてみることです。**

会社が存在しているのは、社長がやりたいことを実現するため。

そのために社長のお手伝いをして、お礼として給料をもらっていると考えてみる。

私が税理士事務所で働いていたときは、まさにこのような考え方でした。顧問先の社長がやりたいことを実現するため、会計面でお手伝いをする。顧問先の会社が大きくなればうれしいし、社長が笑顔になるのもうれしいものでした。

やりたいビジネスがあるなら、自分で会社をつくって実現する。その力がつくまで、ここで社長の夢の実現のお手伝いをしていると考えてもいいでしょう。

あなたがやりたいことが、結果的に会社の利益（ひいては社会の利益）に結びつく、あるいは社長のビジョンに合致するなら、会社が協力してくれます。そのためには、会社がお金を出してくれるようなプレゼンをする必要があります。

あなたはノーリスクでやりたいことができるのです。

このプロセスは、会社員に限った話ではありません。起業した人は、銀行やベンチャーキャピタルなど、出資者を納得させないと、お金を出してもらえません。

では起業家と会社員の違いはなにか？　起業家はお金を出してもらうのに失敗したら、ビジネスが始められず、やりたいことができません。収入もゼロです。

会社員は会社に提案して実現しなくても、安定した給料はもらえるのです。

やりたいことが見つからないときは、悩まずに社長の夢のお手伝いをする。

やりたいことが会社の利害と一致していたら、会社で実行する。

やりたいことが見つかったら、独立・転職する。

悩まず苦しまず、気長に考えていきましょう。

上司はうまく使い倒す

「ホウレンソウ（報告・連絡・相談）がめんどうくさい」

「上司が自分の仕事に口出ししてくるのがめんどうくさい」

会社員として働いていると、こんな「めんどうくさい」が発生します。

しかし考え方を変えてみてください。自分の脳みそだけで考えなくていいのです。ひとりぼっちじゃない。イヤな言い方だと**「自分で最後まで考えなくていい」**

ともいえます。

第1章でも述べましたが、会社員のメリットに、自分で最終的な責任を取らなくてもいいという点があります。

損失を出しても、失敗しても、責任を感じることがあっても、あなたの財産が奪われることはありません。

ただし、上司へのホウレンソウだけは必要です。

あなたが上司の了解も取らずに勝手な行動をして損害をもたらしたら、そのそしりを受けることになります。

上司に報告・連絡・相談したうえで行えば、会社の命《めい》で行うプロジェクトになります（それでも部下の独断だったとする悪い上司もいますので、メールなどの履歴を残し、水掛け論にならないようにする工夫は必要かもしれませんが）。

困ったら上司に相談し、判断を仰ぐ。これができるのが会社員のすばらしいところです。

フリーランサーとして独立していると、相談できる相手もいない孤独な存在なのですから。

都合の悪いことは上司のせいにしよう

もう1つ会社員のメリットを活かせる仕事術として、**「都合の悪いことは上司の責任にする」**というものがあります。

たとえば、なにかを断ったり、こちらに都合のよい要求をしたりすることが苦手な人も多いでしょう。

そういうときは、上司を悪者にしてしまうのです。

「どうも私の上司は頭が固くて……」

「社内で協議したのですが、こういう意見が多くて……」

という言い回しをすることで、いいにくいことをいってしまうのも手です。

ただし、こういう言い回しばかりしていると「自主性がないやつ」「仕事ができないやつ」「人のせいにするやつ」と思われるので、使いすぎは注意です。

上司は憎まれ役をかうことも仕事の一環です。上司をうまく使い倒しておきましょう。

あるいは、「上司は反対したんですが、なんとか説得できました」といった使い方もできます。要するに、**言い方ひとつで上司を自分の引き立て役として活用させてもらうこともできるのです。**

注意しておかなければならないのは、上司の了解を得ることです。

勝手にやってしまっては、だれからも信用されなくなります。

私の後輩は、了解も得ずなんでも上司や先輩のせいにして、そのうわさが広がり、だれからも信用されなくなり、会社をやめてしまいました。

私は、値引き交渉のときや、逆に値引きに応じられないときにも、上司と相談して、どちらかが悪者になることで、会社に有利な取引を行ってきました。

上司は優しくして、私は頑固者を演じる。その逆もありました。

このようなことができるのも、会社という組織に属し会社員としてチームプレーができるからです。フリーランスで一人二役を行うことはできません。

なお、経営者向けの本を読むと、よく「経営者は孤独だ」というような内容が書かれています。

これは仕方のないことです。なぜなら、組織のトップは、自分よりも上の立場がいないからです。逆に、部下から相談を受けたらそれに応じないといけないし、最終的には自分で判断して、自分が責任を負わなければいけません。部下が勝手にやったことでも責任を負います。これはたいへんなことです。

そう考えると、**ホウレンソウをするべき相手がいる（責任を共有してくれる仲間がいる）ことのありがたさがわかります。**

そして最終的な責任を負う立場である経営者自身も、部下からホウレンソウをしてもらわないと困るのです。

上司の意見を聞き入れるかはあなた次第

上司の横やりが入ることは、別に悪いことではありません。

同じ組織ということは、利害関係が一致している相手です。

上司が口うるさくいうのは、悪い結果にならないためです。

なかには、あなたにイジワルをするために悪いアドバイスをする上司もいるかもしれません。

でも、結果として会社に損害がもたらされたら、その責任は上司が被《かぶ》りますから、あなたが気に病む必要はないのです。

またビジネスの場合、自分だけで決めるより、**ほかの人の意見を取り入れてブラッシュアップさせたほうが、いい結果をもたらします。**

少なくとも、上司は知識や経験を積んでいる人が多いでしょう。アドバイスや忠告には、学ぶべき点も多いのではないでしょうか。

もちろん、**上司のいいなりになれというわけではありません。**

上司の意見を聞いて、受け入れてもいいし、「やっぱり違う」と思うのであれば、上司を説得するための努力をすればいいのです。

こんなふうに上司の能力を最大限活用する。言い方を変えれば、うまく使い倒すことが、賢い会社員の働き方であるといえるのです。

仕事のやり方にこだわりすぎない

会社員の悩みとして、「自分のアイディアや提案が通らない」というものがあります。

あるいは、仕事の進め方に口を挟まれ、めんどうくさい思いをする人も多いでしょう。

稟議書《りんぎしょ》をチェックする上司が多すぎて、なかなか決裁がおりないという悩みもあります。

会社員なので仕方がないと思うのもアリですが、私自身、ずいぶんとアイディアを提案してきました。

過去の成績は200勝800敗ぐらいでしょうか（笑）

それぐらい個人の意見が通らないのが会社組織です。

新規事業のプロジェクトが大きければ大きいほど資金がかかっていきます。自分自身がリスクを負わないとしても会社は損害を被ります。

総務、財務、企画、商品開発、そして経営陣……多くのかかわりがあると、資金繰りや人材、コスト、利益率、商品開発の時間、経営陣の責任……さまざまなものが関わってきます。

なかなか自分のアイディアが通らないのも道理です。

私は2つの考え方をしていました。

自分の意見が通ったら、そのプロジェクトに全力でとりかかろう！

自分の意見が通らず、仮に他の人の意見が通ったら、そのプロジェクトに全力でとりかかろう！

結局、全力でとりかかるのですが、後者になった場合、反対をいつまでもひきずり、協力しなかったり、文句をいったりする人もいます。

さまざまな方々の意見を取り入れて決定したプロジェクトであるなら、頭を切り替えそのプロジェクトを成功するために全力を尽くす！

それが、会社員としての会社への恩返しだと決めているのです。

上司が変わったら、新しい上司のやり方に合わせる

会社員の場合、異動などによって上司が変わることはよくあります。上司が変われば、仕事の進め方が変わることもあります。

たとえば、これまでの上司は予算管理よりも仕事のスピードを重視していたけど、新しい上司は予算管理をキッチリするほうを評価する、などです。

どちらがいい、悪いではありません。

というよりも、**どちらがいいとか悪いとか、判断を下す必要もないのです。**

会社員として働くのであれば、**上司の性格や仕事の傾向、スタイルを把握して、臨機応変に対処できるようにしておきましょう。**

新しい上司が従来の上司と違うやり方で仕事を進めるなら、そのやり方に合わせたほうが円滑に仕事が進みます。

ささいなことなら、自分自身のこだわりを捨てたほうが、じつは新しい提案も通しやすくなったりします。

上司の傾向を把握しておくことで、なにをアピールすればいいのか、どういう話し方をすればいいのかがわかってきます。

たとえばお金にこまかい上司だったら、「こっちのほうが予算を削減できます」という一言があるかないかで、相手の反応が変わります。

営業職なら、相手の求めるものに合わせて話す内容や順番を変えるでしょう。

それと同じです。

上司もクライアント。そう考えておいたほうが物事が通りやすいのです。

異動や転勤も前向きに受け止める

私は出身が北海道で、札幌に本社がある会社に就職しました。

その会社を選んだ最大の理由は、北海道が好きすぎて、北海道に居続けたいからだったんです。

しかし、2年勤めたあと、さいたま市の支店に転勤する辞令が下りました。

このとき、私がどのように感じたか?

吐くほどイヤでした。

いえ、実際、辞令が下りて、吐きました。

当時はまだ、インターネットや携帯電話が普及していない時代です。メールもラインもありません。

北海道から遠く離れたさいたま市で暮らすということは、学生時代からの北海道の友人たちと連絡がとれなくなることを意味します。

当然ながら、職場の人間関係もゼロから構築し直すことになります。とにかくイヤでイヤで仕方がありませんでした。

こんなふうに書くと関東の方に叱《しか》られそうですが、いまは関東が大好きです。というよりも、**関東に移住しなければ、間違いなくいまの私はありませんでした。**

関東では、さまざまなビジネス系のイベント、セミナーが毎日のように開催されています。私は残業しないで会社の仕事を片付けて、足繁《あししげ》くそうした催《もよお》し物に参加しました。

その結果、自らもセミナー講師になったり、自分の本を出せるようにもなったのです。
あのときの転勤がなければ、いまの自分はなかったと感謝しています。

苦手だと思っていた仕事が、じつは得意なこともある

会社員は会社の都合で異動や、転勤をします。基本的に拒否することはできません。

拒否できないのであれば、それを受け入れる。**受け入れるのであれば、前向きに受け入れ、楽しむほうが有意義です。**

自分が想像もしていなかった場所への転勤なら、思いもよらない場所で暮らすきっかけを与えてもらったとも考えられます。

自分では住もうと思わなかった土地に暮らす高揚感。そう考えたほうが、ストレスはなくなります。

私たちのほとんどは、自分で自由に住む場所を選べません。

たとえば東京の会社に勤めている人なら、会社への通勤時間と家賃を検討して、住む場所を選びます。

その時点で、選択肢は狭められているのです。

お金持ちか、俗世《ぞくせ》を捨てた仙人なら話は別ですが、ふつうは、程度の差こそあれ、与えられた環境で最善のものを選び続けるのです。

異動については、いまの私ならチャンスととらえます。

人間は自分で考えているほど自分の得意なことを理解していないからです。

会社に入った当初、経理部に配属されました。経理の仕事をしながら広報部の手伝いもすることになり、現場へ取材に行ったりして、それを文章にまとめる仕事をしました。

始める前まで、そんな仕事ができるはずがないと思っていました。文章を書いたことなんて、小学校・中学校の読書感想文くらいです。それすら苦手で苦労した思い出しかなかったからです。

しかし、会社の命令ならやるしかありません。

すると、社内で評判になるほどの記事が書け、取材元の担当者からお礼をいわれるようになりました。取材をしたり、その内容を文章にまとめたりするのが得意だと初めて気づいたのです。

当時、自分が何十冊も本を書くようになるとは夢にも思っていませんでした。まさに、会社の指示に従ったからこそ気づいた能力でした。

「興味がないこと」ができるのも会社員の醍醐味

多くの人が自分の得意なことに気づけないのには理由があります。自分の得意なことは「できて当然」だと思ってしまうからです。

たとえば、私は3000文字くらいの文章を書くのは、文字量もそんなに多くないし、別にだれでもできることだろう、と考えてしまいます。

でも、世の中には文章を書くのが本当に苦手で、400文字（原稿用紙1枚）ですらどうしても書けないという人がいます。

あるいは人前で話すことも、私はそんなに気張らずできますが、緊張してどうしてもできない、という人もいるでしょう。

自分がとくに苦労することもなく、当たり前のようにできていることのなかに、その人の得意があるのです。

会社の辞令によって半強制的に自分の興味がない仕事に携わると、自覚していなかった才能、向き不向きが見つかるチャンスにつながります。

向き不向きは、他人のほうが客観的に判断できることもあります。

異動や転勤は、もしかすると上層部や上司が「彼（彼女）はこういう仕事のほうが向いているんじゃないか」と考えた結果かもしれません。

これは独立・起業にも同じことがいえます。

独立・起業にも向き不向きはあります。

とくに起業して人を雇うことになれば、自分ひとりががんばっていてもダメで、組織あるいはチームとして成果を出せるようにならなければいけません。

会社員は、管理職になることで、自分に人を管理する適性があるのかを推し量

るチャンスをくれます。

幸い、私は人に仕事を任せたり、広い視野でものごとを見たりすることができたので、管理職としてうまくいっています。

しかし管理職をやり、向いていなさそうだとわかれば、起業はやめたほうがいい、とも考えられますね。

会社員は仕事をしながら、さまざまなジャンルに携わり、いろいろな立場に立つことで、自分の適性や自覚していなかった才能にめぐり合うことができるのです。

第3章

出世は してもいいし、 しなくてもいい

独立・起業した人と、会社員とを比べない

フェイスブックやツイッターなど、SNSをみていると、ビジネスで成功している人たちの話が目に飛びこんできます。

とくにネットビジネスやユーチューバーとして成功し、若くして月に何百万と稼ぐ人もいます。

もちろん、若くして起業し、多くの収入を得ている人は昔からいました。

しかし、SNSが普及する前は、会社員と起業家が結びつく機会がなく、そういう世界を認識する機会が少なかったのです。

SNSの普及により、成功した人たちの発信を間近で見られるようになったことには功罪があります。

「功」の部分は、会社員より起業家に向いていた人々が彼らに触発され、「自分もやってみよう」というきっかけ、エネルギーになっている点です。

昭和から平成にかけての時代は、学校を卒業したら会社に就職し、定年まで勤め上げるのが「ふつう」で、起業するのはごくごく一部の人たちの働き方だと思われていました。

そういった固定観念に縛られ、ほんとうは独立タイプなのに、会社員を続けている人には、SNSをはじめとするインターネットの普及はメリットになります。

ネットを通じてビジネスのヒント、ノウハウを得たりして、自分がやりたかったことを実現する道筋を見つけやすくなったからです。

一方、好きな時間に起き、好きなことを仕事にして自由に働いているように見える彼らが妬《ねた》ましいという思うこともあるかもしれません。

会社員の自分と、そうではない働き方をしている彼らとを比べ、劣等感を持ってしまうことがデメリットです。つまり「罪」の部分です。

成功していない人の姿はあなたの目に見えない

会社員と、一部の成功者たちを収入面で比べることに、意味がありません。

そしてこれまで述べてきたように、会社員は組織に属しているがゆえの安定性を手にしています。

安定性のアピールは、当たり前だと思っている人が多いから、SNSでも発信されません。

「今月のユーチューブのチャンネルの収益が100万円を超えた!」と発信する

人はいますが、「今月も口座に給料30万円が振り込まれた！」などとわざわざツイッターで発信する人はいません。

ＳＮＳでは成功した人たちの声だけが大きく取り上げられがちです。

ユーチューブチャンネルを開設したからといって、だれでも成功して収益化できるわけではありません。

実際は登録者数が１００人にも満たないチャンネルだらけです。

ひっそりとユーチューブをやめている人は星の数ほどいますが、やめたことをＳＮＳで発信する人はいません。

自分でビジネスを始めた人も、全員が全員、会社員以上の収入を得ているわけではありません。

いえ、比率でいえば、少ない人のほうが圧倒的です。

しかし、そういう人が「今月の収入は3万円だけでした」「今月は1本しか仕事が取れませんでした」「いま、家計が厳しくて卵かけご飯とモヤシ炒めで飢《う》えをしのいでいます」とＳＮＳで発信しません。

SNSでは、たまに起きた華やかな場面しか発信しないものなのです。

スクロールすると、高級寿司店や海外旅行の写真が数多くアップされていますが、羨ましがる必要はありません。その日に行った人たちが、一斉にアップしているので自分以外のみんなが華やかに生活していると錯覚を起こしているだけだからです。

ふだんは慎《つつ》ましく生活している人が大半です。

経営することの恐怖、起業することのストレス、売上が上がらない不安は発信しないので、ほかの人からは見えないだけです。

収益が出ている人だって、ほんとうに自由な働き方を実現できているかはわかりません。

人気ユーチューバーも、コンスタントに動画を発信し続けなければ人気がなくなってしまう、という強迫観念に追われている可能性があります。

そうした思いが過激、迷惑な動画を生んでいるのかもしれません。

彼らが悩み苦しんでいる姿は、SNSを通じても、私たちの目で見ることはできないのです。

給料の多い少ないを他人と比べない

同じ会社員でも、東証一部上場企業の会社員と、中小企業の会社員とでは、給料に差があります。

ニュースで「平均給与」「ボーナスの平均額」が報道されるのを見て、暗い気持ちになる人もいるかもしれません。

あるいは同じ高校、大学の同窓生たちのその後の活躍、生活ぶりを見聞きし、自分と比べて落ち込むこともあるでしょう。

いまの時代、働き続けていても給料が増えるとは限りません。

給料やボーナスをたくさんもらっているほかの会社員と比較してしまうことはありうると思います。

しかし、ほかの会社員の給料が高くても落ち込むことはありません。

なぜなら、**「ほかの人と収入を比べる」こと自体をやめないと、収入が増えても幸福にはならないからです。**

たとえば、高収入の象徴の1つであるタワーマンション。アパート、マンションに住んでいる人からすれば、タワマンに住めれば満足できそうな気がします。

しかし、案外そうでもありません。

タワマンのなかでも「高階層の住人」と「低階層の住人」の間でまた格差がつきます。

タワマンによっては、高階層に行くエレベーターと、低階層用のエレベーターが分かれています。

低階層に住んでいる人のなかには、高階層に住んでいる人に劣等感を抱いている人もいます。

お金持ちになっても、「自分より上」は必ず存在します。

他者と収入面で比べてしまう人は、たとえ1億円するクルーザーを持っていても、10億円する豪華なクルーザーが停泊していたら、1億円のクルーザーしか持っていない自分に劣等感を抱いてしまうのです。

年収1000万円はコスパが悪い？

年収と幸福度の関係性を調べる研究は世界中でいろいろ行われています。

たとえば2018年に国際誌「Nature Human Behaviour」で、164か国、170万人に行った調査で、東アジアの場合、年収6万ドル（660万円くらい）から幸福度がほとんど上がらなくなるという結果が出ています。

税制面から見ると、年収600万円の場合、所得税や住民税、社会保険料など

136万円が差し引かれて、手取りの金額は約464万円になります。

一方、年収1000万円の場合、手取りは約722万円と、300万円近くが税金などとして引去られます。

年収が1000万円になると、役職は部長以上になってきます。あるいは成果型の報酬体系を採用している外資系の会社員になるはずです。

どちらにしても、大きなプレッシャーやハードワークが求められます。残業や休日出勤は当たり前、四六時中仕事のことを考えていないと務まらない……なんてことも珍しくないでしょう。

それで1000万円の収入でも、実際は700万円の手取りになるのです。

それだったら**年収500万円でプレッシャーも残業も、月収1000万円よりは少ない働き方をする、という選択肢もあります。**

少し手取りが増えても生活は意外と変わらない

もう1つ、**収入が増えれば、それに比例して支出も増えます。**

これはイギリスの歴史・政治学者のシリル・ノースコート・パーキンソンが著書『パーキンソンの法則』で提唱したものです。

パーキンソンの法則は「第1法則」と「第2法則」の2つがあります。「第1法則」は5章で述べます。

「第2法則」が「支出の額は、収入の額に達するまで膨張する」というものです。

毎月手取り20万円の人は、「手取りが25万円になれば毎月5万円貯金できるのに」と考えがちですが、実際はそうはなりません。

手取り20万円の人と25万円の人は、同じ人間ではなくなっています。

手取り25万円の人は、手取り20万円だったころとは違う考え方、違う生活習慣、違うお金の使い方をしている可能性が高くなるということです。

たとえば

「もうちょっといいスーツを着ようかな」

「もうちょっとぜいたくなものを食べようかな」
「今日はタクシーで帰ろうかな」

と考えるようになれば、被服費や食費、交通費が高くなります。
収入が増えると同時に結婚したり子どもを授かれば、支出額は増えていきます。
実際のところ、収入が増えたからといって生活が劇的に変わることはないのです。

出世にこだわりすぎないほうがいい

会社員の給料と連動するのが「出世」「役職」の問題です。

たくさんお金をもらうためには、必然的に、より大きな責任を持ったポジションを担うことが求められます。

出世するのが悪いわけではありません。しかし、**出世するためにかける時間や労力に見合った成果が手に入るとは、限りません。**

私がかつて勤めていた職場では、出世するにはある上司に気に入られることが大事でした。

そのためには呼び出されたら夜でも上司の家に行ったり、日曜祝日も朝からゴルフや釣りのお付き合いをしたりするのが当然とされていました。

私の先輩はその上司に取り入るためにそうした努力を繰り返し、家族よりも上司の都合を優先させる日々を送っていました。

結果、彼は昇進できましたが、のちのち、彼の上司の横領がバレてクビになってしまうと、とたんに彼も窓際に追いやられてしまったのです。

がんばっても出世できるかどうかはわからない

組織がある程度の大きさになると派閥が生まれ、同じ会社でもグループ分けができたりします。

マンガ「島耕作」や、小説「半沢直樹」シリーズを読めばわかりますが、自分の所属する派閥がほかの派閥との権力争いに勝てば自分も出世できるけれど、負ければ自分の出世の道も閉ざされてしまう世界です。

仕事の貢献や能力を考えずにいえば、このような世界では、出世できるかどうかを決めるのは上司です。

どれだけがんばって仕事で成果を出しても、上司が昇進させると決めなければ、出世はできません。つまり、相手次第の領域の話になります。

あるいは、上司との関係が良好でも、たとえば空いているポジションがないなど、いろいろな人間関係のいざこざも考慮され、昇給・昇進が後回しにされてしまう……なんてことも考えられます。

とくに年功序列の意識が根強い会社だと、こういう傾向があるでしょう。

実力主義の会社だと、仕事の成果を出せば、昇給・出世の確率は高まります。

どちらにしろ、あなたのがんばりは評価されても、それだけですんなりと決まるわけではないのが、昇給や出世の難しいところなのです。

これは仕事の成果でも同じことがいえます。

成果は「運」とか「タイミング」も絡んでくるからです。

やる気もないし、時間も手間暇もそんなにかけていない人が、すごい成果を出してしまうことが往々にしてあります。

これが、この世界の残酷なところです（ただし、やっぱり長期的に見たときには仕事に真摯《しんし》に取り組んでいる人のほうがうまくいくことが多いですが）。

会社員は成功も失敗もさっさと忘れよう

会社員は会社の組織の一員です。

仕事でミスをしても最終的な責任を取る必要はありません。

言い方を変えれば、会社員である以上、あなたのミスはあなただけのミスではないということでもあります。

会社員として働いているのであれば、ミスをしたり、なにか至らないところがあっても、「自分の責任だ」と思い悩みすぎる必要はありません。

その人がミスをしたのは、当人の仕事をうまく管理、指導できなかった上司の責任でもあるからです（少なくとも私はそう思って部長の責務をしています）。

もちろん、反省と改善は必要です。

上司からの指示、アドバイスに従わずに独断で行動した場合は、上司の管理外で動いてしまったわけですから、充分反省して、次に活かす。

ホウレンソウをして、どういう動きをしようと思っているか上司に共有したうえで仕事をしているのであれば、**同じ失敗を繰り返さないように反省と対処をしっかりやり、あとはさっさと忘れてしまったほうがいいのです。**

仕事におけるだいたいの失敗、悩み、ピンチは、1年もたてばすべて解決しているものです。

1年前の仕事の悩みをいまも抱え続けている人は、まずいないでしょう。

むしろ、1年前のピンチなんて、いまとなっては思い出すことも難しいという人のほうが多いのではないでしょうか。

これが独立すると、同じ悩みや失敗でも深刻さの度合いが変わります。

売上が伸びないとか、利益率が上がらないとか、人が集まらないとか、資金繰りが大変だとか、そういった悩みは、下手すれば1年後も続いている可能性があります。

成功にこだわりすぎてはいけない

会社員としてうまく働くために大事なもう1つのポイントは、**「成功にしがみつかない」ことです。**

とくに30代の人は気をつけてください。

30代になると、仕事ができる人は役職がつき、仕事で目に見える成果を挙げられるようになってきます。

しかし、ダメな人はそこで、そうした成果を「自分の力だ」と勘違いしてしまうのです。

場合によっては、そこで独立・起業を考える人もいるかもしれません。

たしかに、フリーランサーとして活動しているなら、その人の成功はその人の努力とか才能によるところも大きいでしょう。

しかし会社員であれば、その人が成果を出せたのは会社がチャンスやお金を与え、サポートしてくれたおかげです。

そのことを理解せず、成果を出せたのが100%自分の力量だと考えてしまうと危険です。

自分語り、自慢話を繰り返し、成果を出せないほかの人間を揶揄《やゆ》するといった「イヤなやつ」に成り果ててしまいます。

こうなると、成果が出せなくなってきたときに助けてもらえなくなり、孤立してしまいます。

仕事には好不調の「波」がある

仕事の成果には「波」があります。

うまくいくときと、いかないときがあるのです。

バイオリズムともいいますが、どんな人にもあるのではないでしょうか。

会社のメリットは、こうしたメンバーの波を均質化してくれる点です。

たとえば、エース営業マンとしてバリバリ活躍していたAさんがスランプに陥っても、Bさん、Cさんの調子がよくなり、会社全体としては売上が落ち込まない、ということもあります。

大事なのは、失敗をさっさと忘れるのと同じように、成功も固執せずに、忘れてしまうことです。

「自分のおかげだ」と自慢したり、逆に「自分のせいだ」と考えすぎる必要もありません。

チームで働いている限り、そのどちらでもないわけですから。

ストレスをためこみやすい人は、成功にも失敗にも淡々とした姿勢で向き合いましょう。

第4章

会社の人とは仲良くしなくていい

会社の人は、友だちではない

人間の持っている悩みの9割以上は「人間関係」といわれています。無人島にひとりで暮らせば、（人に会えないさびしさは置いておくとして）あなたの悩みのほとんどは解決するはずです。

会社員は同じメンバーと毎日顔を合わせてコミュニケーションをとらざるを得ないことが多いので、人間関係の問題は、自営業者より大きなウェイトを占めるでしょう。

人間関係がうまくいかないと、会社員として働くことがつらくなりがちです。

この章では、そのような悩みを抱えている方へのアドバイスをお伝えします。

職場での人間関係が円滑な人は読み飛ばしていただいても大丈夫です。

会社における人間関係の大前提は「無理してまで、同じ職場の人と仲良くする必要はない」ということです。

会社はあくまで営利を目的とした組織です。その目的のために雇われているのが会社員です。

会社員の存在意義は、給料を支払っている会社に対して給料以上の成果を提供することです。

社内の人間関係でトラブルを抱えたりしないのも、仲良く楽しく働くことが目的ではなく、仕事を円滑に進めるのが目的です。

その手段の1つでしかないのです。

あなたが会社に利益をもたらしている仕事ができているのであれば、ストレスを抱えながら職場の嫌な人と仲良くする必要はありません。

このように考えれば、気がラクになりませんか。

多くの人は、社内の人間関係を円滑に「しなければならない」と思い込んでいます。たしかに、かつては年功序列・終身雇用で、新卒で入った会社に40年近く在籍し続けるのが主流だったため、人間関係を円滑にすることが重視されていました。

私も最初に入った企業は、いまでいうブラック企業。経理で入社しましたが、営業からは「事務はクーラーのあるところで働けていいな」と嫌みをいわれ、現場からは「だれに喰わせてもらっていると思っているんだ」と罵声《ばせい》を浴びせられ、事務の先輩からは「使えない」と怒鳴られていました。

それでもなんとかコミュニケーションをとるために、予定があるのに飲み会につき合ったり、愛想笑いを浮かべたり、仲良くならなければと必死で努力を続けていました。

しかし、**「〜せねばならない」という思考にとらわれていると苦しくなります。**

私も体調を崩し、ストレスから会社に通えない時期もありました。

余談ですが、20代前半でがんの疑いがあり、精密検査を受けたこともあります。検査結果を待っている数日、「会社の人間関係はわずらわしいから、悪性でもいいかな」と思っていたぐらいです。

会社の人とどうしても肌が合わなければ、必要最低限のコミュニケーションだけとっていれば、まったく問題はありません。

精神科医の樺沢紫苑先生が『嫌われる勇気』でも有名なアドラー心理学を例にとり、

「職場の人間関係は、所詮『職場の人間関係』。べつに親兄弟や親友のように付き合う必要はない。だから職場の関係は、あくまで仕事上だけで付き合っていけばよい。ただそのなかでも気の合う人、素晴らしい人がいるわけだから、そのような人と個人的に深く付き合うことをオススメする。たとえば、職場のチームに10人の人がいる場合、10人全員と仲良くしようとするのは止めたほうがいい。仕事において仲良くする必要はなく、仕事が上手くいけばよいだけの話。日本人は全員と仲良くしようとしすぎる。職場で最低限のコミュニケーション、円滑な人間関係をつくっていくことと、いわゆる『仲良くする』ことは、違います」と話されていて、新卒で入社したころの自分に聞かせてあげたいと思いました。

転職も当たり前になり、趣味や学びのコミュニティといった、自宅でも職場でもない第3の場所（サードプレイス）を持っている人も多くいます。

仕事の人間関係にとらわれすぎないようにしましょう。

仕事で成果を出せば人間関係はうまくいく

ただし、そうはいっても、会社内の人間関係は当然、円滑なほうがいいです。

あいさつもせず、高圧的に振る舞ったり、無視したりして、あえて社内の人間に嫌われる必要はありません。

以前勤めていた建設会社での話です。

取締役工事部長のAさんは、午前中機嫌が悪くて有名でした。「おはようございます！」とあいさつをしても無視。良くてうなずく程度。

だからといって、役員であるA部長にあいさつしないわけにはいきません。無視されるとわかっていてあいさつするのは辛いことです。職場の雰囲気も悪くなります。もちろん活気などまったくありませんでした。

飲み会のときに、機嫌が悪い理由を思い切って聞いてみました。。

返ってきたのは

「単身赴任で埼玉に来て、夜も遅いし、生活のリズムが悪いのかな？　だれかに文句があるわけでも機嫌が悪いわけでもないけど」

との答え。機嫌が悪い理由を聞いたからといってなにか解決策があったわけでもなく、その場は聞きっぱなしで終わりました。

そして次の日の朝、「昨日はごちそうさまでした」とお礼をいっても、やはり返事はありませんでした。

プライベートで上司や部下に気を遣う必要はない

あなたを評価する存在である上司とどうつき合うか？

自分の意見を主張するのはすばらしいことですが、**直属の上司を敵に回すことはデメリットもあります。**

どうしても、なにか譲れない部分であるなら、ディスカッションを重ね、上司に食らいついてもいいですが、そうでない部分なら、上司を立てて仕事を進めていくほうが得策です。

私の先輩で何でもかんでも上司に食らいついていく人がいました。

会社のことを思ってのことですが、その方法があっているとは限りません。

むしろ売上至上主義で利益を度外視していたり、人手不足なのに大きな物件を受注しようとしたり、最後は上司に煙たがられ、ほとんど意見を聞いてもらえなくなりました。

私は、どちらでもいいことは、基本的に上司の命令に従っていました。どうしても反対のときだけ意見をいうほうが重みもあり、聞いてもらえる確率が高まるからです。

また、苦にならない範囲で上司にゴマをすることも、円滑に仕事を進めるうえでは、悪いことではありません。

ただし、それは仕事に関することと、業務時間内に限ります。

たとえばアフター5の飲みの誘いは、行きたくないなら断る。

ゴルフの誘いも、行きたくないなら断る。

そう決めるのも1つの手です。

もちろん、行きたいなら行ってもいいのです。

私もさいたま市に転勤したときはひとりぼっちだったので、先輩や上司が観光案内に連れて行ってくれたり、麻雀《マージャン》や野球観戦に誘われてほんとうにうれしかった思い出があります。

また、出世を目指している人にとっては、気乗りしなくても行ったほうが上司に気に入られ、出世が早くなる可能性はあります。それは否定できません。

しかし、その出世が、平日の夜や土日のプライベートな時間を犠牲にしてでも手に入れたいものなのかどうかは、よく考える必要があるでしょう。

前述した通り、ずっと気を遣い続けても、その上司が失脚したら、いっしょに失脚してしまうことは考えられます。

メリットとデメリットを考え、バランスをとることが大切です。

飲み会の頻度とか、一回にかかる心身的な負担を考慮して、あなたが自分で線引きしていきましょう。

上司ガチャでハズレを引いたらどうするか

「上司ガチャ」という言葉があります。

お金を入れてレバーを回すとどのオモチャや景品が出てくる小型自動販売機の「ガチャガチャ」が語源といわれています。当然、どんなオモチャが出てくるかは、ふたを開けてみないとわかりません。

つまり、どんな上司に当たるか（だれが上司になるか）は、ふたを開けてみないとわからないということ。

運が悪いと、仕事ができない無能な上司、パワハラ・モラハラを平気でやる上司の下に配属されることもあります。

「ガチャガチャ」でハズレを引いてしまったパターンですね。

やってはいけないのが、上司に恵まれなかったといって、それであなたまで腐ってしまうことです。

たしかに上司がダメだと仕事でも成果を挙げづらいものですが、社外の人たちはそうは受け止めてくれません。

上司が無能だとわかってしまったら、その時点で**あなたは対策を立てなければいけないのです。**

まずは上司に頼らずに、自分個人で成果を挙げる方法を試しましょう。本を読んだりセミナーに通ったりして、勉強するのです。

もしそれで、あなたの業務レベルが上がれば、上司が変わっても転職しても、レベルを保つことができます。

ちなみに、セクハラ・パワハラ・モラハラのおそれがある場合は、証拠を揃えて労基署に訴えた場合、異動や退職を促すことができます。

レコーダーなどで音声を収録しておきましょう。

実際にやるかどうかは別としても、そういう知識を身につけておくだけで心理的にはかなりラクになります。

部下と無理して世間話をしなくていい

部下の場合、上司よりもめんどうになることがあります。「上司ガチャ」と同様「部下ガチャ」もあるからです。

おそろしくやる気のない部下、反抗的な部下、暴走する部下をもった場合の心理的ストレスは計り知れません。

そのせいで管理する部署の成果が上がらなければ、必然的にその責任は管理職が負うことになります。

かといって、厳しく指導しすぎると転職されたり、最悪の場合、パワハラなどで訴えられるおそれもあります。

上司には最悪、おべっかを使ってなんとかできますが、部下はそうはいきません。

部下との付き合い方で大事なのは、やはり**「無理に仲良くなろうとしない」ことです。**

会社は営利組織です。

部下は、営利目的で集まった仲間です。

家族や友だちのように「居心地の良さ」とか「以心伝心」は、理想ではありますが、期待してはいけません。

無理して合わせなくても、仕事で支障が出ないようにホウレンソウなどでコミュニケーションをとっておけばいいのです。

また、話は横道にそれますが、初めて部下をもった人がやりがちなのは、いっしょにランチに行ったり、飲みに誘ったりして、なんとか部下との距離を近づけようとすることです。

これは間違いです。

リーダー向けの人材育成コンサルタントである吉田幸弘さんの著書『リーダーの「やってはいけない」』(PHP研究所)に、「ランチは部下と一緒に行ってはいけない」という項目があります。

リーダーたるもの、ひとりになる時間も必要だし、気を遣って部下にごちそうする必要もない、部下も気を遣ってしまう……このような趣旨のことが書いてあると思いましたが、予想外の答えでした。

答えは、

「ランチの1時間は休憩時間で給料を支払わない時間、その時間に上司と一緒に行動するのはある意味残業」

たしかに!

私も資格試験の勉強をしているとき、上司からの誘いは貴重な時間を奪われて本当にイヤだったことを思い出しました。

公園のベンチでリラックスして休憩したり、昼寝をしたり、語学や資格の勉強をするなど、社員にとって昼休みの1時間は自由にすごす時間です。昼休みの時間を部下から奪ってはいけないのです。

プライベートな話は、基本的にしない

ちょっとした世間話も気をつけなければなりません。

「付き合っている人はいるか」「結婚する気はあるか」「子どもはまだ?」なんて言葉は論外。場合によってはセクハラに該当します。

いまは多様性（ダイバーシティ）の時代。

多様性で、もっとも端的に思い浮かぶのは、「LGBTQの問題」です。

LGBTはLesbian（レズビアン＝女性同性愛者）、Gay（ゲイ＝男性同性愛者）、Bisexual（バイセクシュアル＝両性愛者）、Transgender（トランスジェンダー＝出生時の性別と異なる性別で生きようとする人）の頭文字です。

Qは「Queer（クィア）」と「Questioning（クエスチョニング）」という2つの言葉を表しています。

「Queer」は、LGBTに当てはまらない方、「Questioning」はハッキリと決められない、迷っている、決めたくない方などを指します。

さまざまな考え方、思想・信条、信教……人々は多様化しています。

あるいはLGBTQではなくても、家族や交友関係を話題にはしたくない人もいるかもしれないし、趣味のことを話したくない人もいるでしょう。

以前、就職を控える大学生に、模擬面接の手伝いとして、大学で面接官役をしたことがあります。

そのとき「聞いてはいけないこと」として、以下の11の項目に釘を刺されました。

（1）本籍や出生地に関すること（住民票を提出させるのはNG）
（2）家族に関すること（親の職業、社会的地位、収入、健康状態など）
（3）住まいに関すること（広さ、家賃など）

（4）生活環境、家庭環境に関すること
（5）宗教に関すること
（6）支持政党に関すること
（7）人生観、生活信条に関すること
（8）尊敬する人物について
（9）思想に関すること
（10）労働組合に関する情報（社会運動など）
（11）購読新聞、雑誌、愛読書などに関すること

少し年配の読者だと「それもダメなの!?」と驚かれるかもしれませんね。

私も、自分の就職活動時代、「尊敬する人物」は面接で聞かれる鉄板の質問だと認識していました。そのため、前もってだれと答えるか、理由とともに準備していました。

自分がよかれと思っている世間話が、じつはあまりよくない結果をうむこともありますから、くれぐれも気をつけたいところです。

部下は必ず「さん付け」でよぶ

日本は新卒採用が多く、年功序列が残っている会社も多いため、部下は自分より年下が多いと思います。

しかし年下であっても、学校の部活動のように**相手を呼び捨てにしたり、あだ名で呼んだりするのはやめましょう。**

とくに注意したいのは「くん付け」で呼ぶこと。「○○くん」は丁寧に聞こえるかもしれませんが、上司や年上の人間には使いませんよね。目下の人間に対して使う固有の呼び方です。

また、男性は「くん付け」、女性は「さん付け」で呼んでいると、性別によって呼び方を変えているわけですから、前述した多様性の視点からも、あまりよくないですね。

無難なのは、「だれに対しても『さん付け』で呼ぶ」というルールをつくることです。

年功序列が残っている会社も多いのですが、年下が上司になったり、年上の部下をもったりすることも増えてきます。

あるいは50代になってから役職定年となり、それまで部下だった人間が上司になることも考えられます。いままで「○○くん」と呼んでいたのを、きゅうに「○○さん」と呼ぶのも大変です。

年上だろうが、年下だろうが、役職が上だろうが下だろうが、だれに対しても「さん付け」で呼ぶ。そうした言動を心がけることが、あなた自身のためになるのです。

言動に差をつけないのは、部下以外に対しても、ビジネスコミュニケーションの大原則です。

たとえば同僚、同じタイミングで入社した同期とは、ついつい連帯意識が強くなって、馴《な》れ馴れしい態度をとりがちですが、同期はライバルでもあります。

同期が早く出世して、自分が部下になることもあります。

あるいは、正社員が、契約社員とか、派遣社員とか、下請け会社とか、仕事を発注しているフリーランサーに対して「上から目線」な言動をとるのは感心しません。

なぜいけないかといえば、「人間としてどうなのか」という倫理的な話にもできるのですが、同時に**「上から目線で話すことには、自己満足を得る以外の実利的なメリットがない」からです。**

いまの日本社会では、安定した立場はありません。いつ、立場が逆転するか、わからないのです。

以前、年上の部下が転職しました。転職先は、得意先。あっという間に出世して理事になり、立場が逆転。正直、上から目線で話されても仕方ない関係ですが、いまでもお互い「さん付け」で呼び合う仲です。

メールの枕詞《まくらことば》に「お世話になります」という一言を添える人は多いかもしれませんが、**ほんとうに、いつ、だれのお世話になるかわからないのです。**

成果を出していれば社内で浮いていても許される

ここまで読んだ人のなかには、「なんだか社内の人間関係が他人行儀すぎてイヤだなあ」と感じた人もいるかもしれません。**でも、必ずしもこうしたコミュニケーションに忠実にならなくてもいいのです。**

たとえば、本当に高いコミュニケーション能力を持っている人であれば、意図的にタメ口で話したり、相手との身体的距離を近づけたりするなどして、相手からの高い信頼を勝ち取り、仕事をうまく進められるでしょう。

あるいは、自分より立場が上の人間が、そういう「馴れ馴れしい関係」を求めてくる場合もあります。

あなたの会社の社長が「社員はみんな家族！　プライベートなこともガンガン話し合って仲良くなろう」というスタンスなのに、あなたひとりだけが淡々とした姿勢でいると、かえって社内で浮いてしまうかもしれません（もちろん、度が過ぎればセクハラ、パワハラになりますし、そのような社風が合わなければ自分を貫いたり、場合によっては転職を考えるのも1つの方法です）。

あくまでケースバイケース。**自分の状況に合わせて、ほかの人と最適な距離感をつくってみてください。**


個人的な経験則でいわせていただけば、社内で多少浮いたキャラクターでも、仕事で成果を出し続けていれば、社内で後ろ指をさされないし、自分も苦しくはありません。

圧倒的成果を出していれば、「あいつはああいう人間だから仕方ない」と、周囲から許されるキャラクターになります。

私も、某専門学校で働いているとき、たまたまヒゲを生やしていました。

本当は、講師としてヒゲは禁止なのですが、自分の受け持っている生徒の合格率が圧倒的に高かったこともあり、とがめられることはありませんでした。

これも、会社では「結果を出している人間が優位」だからです。

とはいえ、社内の人間関係のあり方、あるいは雰囲気は、一社員ではなかなか変えることができません。

「社員同士の距離感が近くて、どうも苦手だ」

「みんなが他人行儀すぎて、なんだか寂しい」

とくに前者のように感じていて、それが少なからぬストレスになっているなら、前述したように、転職などを考えたほうがいいでしょう。

ただ、後者の場合は、転職をする必要はないかもしれません。

後者は、要するに「寂しい」のが問題です。**寂しさを埋められればいいのであって、その場所は必ずしも会社でなくてもいいからです。**

社外のコミュニティに参加する、趣味の仲間をつくるといったことで、寂しさは解消できます。

これについては第6章でお伝えします。

二次会には行かない

会社員のメリットに「定時が決められている」ということがあげられます。

定時が17時なら17時まで、18時であれば18時まで働けば、あとは自由。

それ以降の時間や休日まで、会社に従う必要はありません。

悩ましいのは、日本企業特有の「飲み会」という文化です。

本来なら、定時以降の飲み会の参加は各自に任せるものです。強制されるものでもないし、参加しなかったからといってペナルティを負うべきものでもありません。

ただ、そうはいっても歓送迎会、忘年会など、社内の飲み会すべてを断るのは、気がひけますよね。

大事な取引先との会食なども、断れませんよね。

実際、飲み会の席でビジネスの話が進むことはよくあります。

私も、飲み会の席で建設の仕事が受注できたり、一度断られた仕事を引き受けてもらったりと、親密度があがり、商談を何度も成功させてきました。

パーティーの懇親会で出会った編集者と、ビジネス書の話で盛り上がり、そのまま出版の話が進んだ経験もあります。

飲みニケーションには、距離を縮める不思議な力が宿っています。

「飲み会は百害あって一利なし」ともいえないところが、難しいところです。

ただ、飲み会はお金を使います。そして、お金以上に貴重な時間も使うことになります。帰る時間が遅くなり、睡眠不足になるなど、健康を害することもあります。

私が危惧《きぐ》するのは「時間の浪費」です。

私たちは仕事のみに生きているわけではありません。

家族との時間、趣味の時間、おいしいものを食べたり、友人と遊んだり、自分がひとりになる時間も必要で、それらすべてをまとめたものが人生です。

仕事のために過度に時間をとられるのは避けなければなりません。

「二次会にはいかないキャラ」を確立させておく

大事なのは「マイルール」をつくっておくことです。

もっともシンプルかつハードルが低いのは**「二次会には行かない」**というルールです。

ほかにも

「飲み会は月2回まで」
「夜9時になったら帰る」
「お酒は1杯目だけ、2杯目からはノンアルコール」
などが考えられます。

ルールをつくっておき、できるだけそれを守るようにしましょう。**マイルールを公言しておくのも効果的です。**

人によっては「妻がうるさくて……」「明日早いので……」などと参加しない理由を述べる人もいます。

でも、そういうことを口にしてしまうと「本心では参加したい」と受け止められてしまいます。

そうすると、何度も何度も誘われ、そのたびになにか適当な断り文句をつくらなければならず精神衛生上、よくありません。

有給休暇を申請するときにいちいち理由をいわなくてもいいのと同じで、飲み会に参加しないことに理由はいりません。

断っていると、だんだん自分の「キャラ」が確立されていきます。「二次会には来ないキャラ」「2杯目のお酒は飲まないキャラ」などを周囲に認知してもらえば、だいぶラクになります。

もちろん、そうはいっても、仕事の都合上、どうしてもルールを破らざるを得ないことはあるでしょう。

なかなかキッパリと断れない性格の方もいますよね。

じつは、私も以前はキッパリとは断れない性格でした。

そんな方は「○○の勉強中」「専門学校に通っている」「趣味の○○がある」など定時後に用事があることを伝えましょう。

私は「税理士の勉強中」ということで飲み会は誘われませんでした。

合格後も、執筆、セミナーの用意など、定時後も予定があることを伝えています。

その代わり、予定のないとき、休みと決めている日は、進んで飲みに行っています。

どうしても仕事上で大切にしたい相手だったり、すごく気が合う相手だったら、ルールも破っていいのです。

飲みたいときは飲みに行く。

行きたくなければ行かなくてもいい。

そんなスタンスでいれば、いっそう居心地のよい会社員でいられます。

第5章

残業ゼロ・定時で絶対帰る仕事術

定時で帰ることを至上命令にする

前の章でも述べた通り、「定時がある」のが会社員のメリットの１つです。

もしもあなたが**日常的に残業を繰り返しているのであれば、あなたは会社員のメリットの１つを自ら潰《つぶ》しています。**

これはたいへんもったいない。

会社員として楽しく生きるには、これまでに述べてきた考え方ももちろん大事です。

しかし、**なによりも「定時で帰れるように仕事をする」ことがもっとも大事なのです。**

定時で帰れないと家族や友人と遊んだり、趣味のために時間を使うことができません。

残業で毎日疲れ切っていては、副業で稼ぐこともできません。

会社員は土日祝日、年末年始などで約120日の休日があります。

およそ3日に1日は休める計算です。この休みを、自分のためにフルに使えたら、人生が楽しくなると思いませんか？


とりわけ昨今は、リモートワークが広まり、自宅や近所のカフェなど会社以外の場所で働く環境が整いました。

通勤時間が短縮され、時間を有意義に使えそうですが、**かえって仕事の時間が長くなる人もいます。**

出社する習慣があれば、場所を変えることで気持ちも切り替わり、仕事モードのスイッチが入ります。

そして家に帰ったら仕事を忘れることができたでしょう。

しかし、**自宅で仕事をしていると、切り替えが難しくなります。**

そのため、朝早く、定時前から仕事を始めたり、夜遅く、定時が過ぎてもダラダラと仕事をしてしまったりする人がいるかもしれません。

会社員なのに、フリーランサーのような働き方に近くなってしまいます。

もちろん、仕事が楽しくて、気づけばつい夢中でやっていたなら、問題ありません。

後悔しない時間の使い方を心がけたいものです。

定時で仕事を終わらせる5つの基本原則

私は建設会社の社員として働きながら、税理士、コンサルタント、講師などの仕事もしています。

当然、残業をしているヒマはありません。

残業しないための仕事術は、これまでさまざまな本に書いてきました。

それらのエッセンスをコンパクトにまとめたのが、この章です。

具体的には、次の5つのポイントがあります。

(1) 定時で仕事を終わらせる意識を持つ

(2) 仕事を細切れにする

(3) 仕事に優先順位をつける

(4) 時間帯によってやるべき仕事を変える

(5) 自分以外の人間にも効率的に動いてもらう

この5つを順番に説明していきます。

一点、注意してほしいのは、**書いてあることすべてを実行しなくてもかまわないということです。**

仕事内容や会社の規模によっては、実現できないこともあるでしょう。

大事なのは、仕事が定時で終わるように、自分なりに働き方を工夫し、行動してみることです。

よいと思うコンテンツは実践して習慣化し、自分なりに改良を加えてみてください。

ルール①

定時は「仕事が終わる時間」と考えよう

多くの人は「定時までに仕事が終わらない」と悩んでいます。
しかし、この考え方がそもそも間違いなのです。
発想を変えてみましょう。
「定時になったらもう仕事はできない」と考えてみるのです。
想像してください。

もし、あなたのパソコンが18時になったら勝手にシャットダウンし、翌日の朝9時まで一切操作できなくなるとしたら、どうでしょうか。

ちなみに、シャットダウンするとき、保存していなかったファイルはすべて消えてしまうとしたら。

こうなったら、「18時になっても仕事が終わらない」なんてことにはなりませんよね。

なにがなんでも18時までにやるべきことを終わらせるしかありません。

そのために優先順位の高い仕事、今日からやらなければならない仕事からやるようになります。

「定時までに仕事を終わらせる時間術」というのは、この考え方を取り入れることです。

定時になったら、もう仕事はできないと決めるのです。

人は与えられた時間いっぱいまで働いてしまう

毎日のように残業してしまう人のなかには「夜にやればいいや」と考えてしまう思考グセをもっている人がいます。

本当の意味で自分を追い込んでいないのです。

ちなみに、世の中には絶対残業しない人がいます。それは「保育園に子どもを預けている親御さん」です。

保育園で預かってもらえる時間は決まっているし、子どももずっと待っています。

私もお迎えに行っていましたが、お迎えに遅刻した日は、笑顔で迎えてくれる保育士さんの目だけは笑っていなかったのが怖かったことをいまでも覚えています。

ほんとうに、残業しているヒマはありません。

前述した「パーキンソンの法則」。

第1法則は「人は与えられた時間をすべて使おうとする」です。

つまり、**「夜の9時までは仕事ができるな」と考えてしまっている人は、夜の9時まで仕事が終わらなくなってしまうのです。**

30分で終わる内部資料の作成に1時間かけ、打ち合わせも期限なく行い、時間を持て余している部下がいるのに任せない……。

意識的、無意識的に、9時に終わるよう段取りを組んでしまっているのです。

仕事術・時短術のさまざまなテクニックを駆使するのも大事ですが、なによりもまず、「定時に帰る」という意識を大前提に置いてください。

その意識がなければ、定時に帰ることはできません。

ルール②

すべての仕事を「細切れ」にしよう

仕事が定時に終わらない人は、仕事の効率が悪いケースがほとんどです。

なぜ効率が悪いのかというと、自分がやるべき仕事を自分のなかで整理できていないからです。

仕事が遅い人は、やるべきことを「ざっくり」としか考えていません。

ざっくりとしか考えていないから、今日やらなくてもいいこと、そんなに大事

ではないところに時間や手間をかけてしまいます。

「あれもこれも全部、今日中に終わらせなきゃ」と考えていると、定時までに終わらないでしょう。

大事なのは、自分の仕事を細分化してノートに書くことです。私はこれを「アイスピック仕事術」とよんでいます。大きな氷の塊《かたまり》をアイスピックでこまかく砕くように細分化しよう、ということです。

たとえば本1冊の原稿を書き上げるとします。

最終的な締切しか考えていないと、なかなか作業が進まないものです。

200ページ、6万字の原稿をこれから書くぞ！　と思っても、なかなか筆が進みません。

でも、たとえば本全体が6章立てで、全体の締切が3か月（約90日）後だとすれば、「15日……つまり2週間で1章分は書かないと間に合わない」ということがわかります。

さらに1章ごとの文字量が1万字なら、15日で1万字書くわけですから、「1

日に約670文字書かないと間に合わなそうだ……」とわかるのです。

このように、**作業を細分化していくと、今日はどのくらいやればいいかがわかります。**

これはすべての仕事に当てはまります。

決算書をつくるときも、ビルを建てるときも、担当エリアで営業に回るときも、すべて細分化して、今日どのくらいやればいいのかを把握できるだけで、余計なことをしなくてすみます。

細分化するときには、ノートに細分化した仕事内容を書き出しましょう。

細分化しただけではすぐに忘れてしまうので、書いておいて、すぐに見えるところに置いておくのが賢明です。

やり終えた箇所に赤丸をつけると、達成感も味わえます。

ToDoリストでもかまいません。

すでに使っている人もいるかもしれませんが、失敗するのは箇条書きの項目がざっくりしすぎているToDoリストです。

やるべきことを紙に書き出すのは正解ですが、細分化する一手間が重要なのです。

ちなみに私は、ノートにタスクをすべて書き出して「見える化」しています。ふせんや裏紙よりもノートを使ったほうがいい理由は、翌日以降にも持ち越せるからです。

どうしても今日やらなくてもいいタスクは、明日に回して、明日チェック（赤丸）をつければいいのです。

人間の集中力は長続きしない

仕事を細切れにするメリットはほかにもあります。

人間の持っている集中力を発揮しやすいからです。

世界中で研究された結果では「人間の集中力は90分しかもたない」「いや30分しかもたない」など、諸説あります。

どれが事実なのかは、よくわかりません。

大事なのは、研究結果のこまかい数字ではなく**「人間の集中力は、自分が思っているよりも長続きしない」と知っておくことです。**

少なくとも、定時のあいだ、たとえば8時間も集中し続けられる人なんていません。

だからこそ、仕事をできるだけ細分化し、タスクごとに気持ちをリセットするきっかけを持つことが大事なのです。

ちなみに私は、ある程度の思考力を必要とする仕事だと、継続して集中できる時間はせいぜい15分ではないかと思っています。

そのため、仕事は15分くらいで終えられるくらいに細分化しています。

余った時間はメールのチェック、返信などに回したり、あるいは目を閉じて休息しています。

目を閉じて視覚情報をシャットアウトするだけでも、かなり脳は休めます。

60分に一度くらいはゆっくり目を閉じてみてください。

ルール③

「すぐやる」のをやめよう

イギリスのビジネスコーチ、マーク・フォースター氏が提唱した「マニャーナの法則」という考え方があります。

簡単にいうと**「明日でもいい仕事は、すべて明日に回す」**という考え方です。

会社員だと、毎日毎日、いろいろな仕事が舞い込んできます。トラブルが起きたり、上司からいきなり雑事を頼まれたり。

そうした仕事のなかには緊急性が高く、すぐ対応しなければならないものもありますが、明日以降でも問題ない仕事が数多くあります。

いきなり舞い込んできた仕事にすぐ手をつけるのは、やめる。

突発的にきた仕事にいちいち対応すると、ほんとうにその日のうちにやらなければならない仕事が後回しになり、そのせいで残業することになります。

また、**「好きな仕事」「ラクな仕事」にも要注意です。**

こうした仕事に先に手をつけてしまうと、結果的に「嫌いな仕事」「めんどうな仕事」「たいへんな仕事」が後回しになります。

人間の集中力は午前中より午後、午後より夕方のほうが落ちてきます。残業時間などは、一気に集中力が落ちます。

後回しにしていると、集中力が落ちやすい時間帯に、集中力が必要な仕事をせざるを得なくなり、余計に時間がかかり、ミスも増えます。そのミスをなおすのに、また時間がかかるという悪循環。

大事なのは、仕事に優先順位をつけることです。

突発的に入ってきた仕事を条件反射的にやるのではなく、まずはノートなどに書き出してみてください。

そのうえで、**ほかの仕事と比べて優先順位が高いかどうかを判断する。**

優先順位のつけ方は、業務の内容にもよります。

基本は**「締切が近いものは優先順位が高い」**と考えれば問題ないでしょう。

「ルール②」に従い大きな仕事を細分化してノートに書き出しておくと、**「絶対に今日やらないといけない仕事」と「そうでない仕事」に大別できます。**そして前者を優先させるのです。

自分でやらなくてもいいことがわかってくる

すべての仕事に優先順位をつけるクセができると、そのうちに「自分でやらなくてもいいこと」がわかってきます。

そういう仕事は自分で抱えこまず、人に任せるべきなのです。

会社員のすばらしいところは、手伝ってくれる仲間がいる点です。

フリーランサーだと、ちょっとした仕事もすべて自分でやらなければいけません。

もちろん手伝ってもらうこともできますが、業務を委託することになりますから、お金の支払いが発生します。

会社員は、同僚や後輩、部下、ときには上司までも含め、多くの人に仕事を手伝ってもらう、任せることができます。

せっかく同じ職場で働いている人がいるのですから、お互いに任せられるところは任せていきましょう。

とくに上司は、部下に仕事を任せることも仕事の一部です。

イギリスの大学の調査によれば、事務系の職場の上司は、本来であれば部下に任せてもいい仕事の41％を自分でやっていたという結果が出たそうです。

生産性の高いイギリスですらそうなのですから、生産性が先進国のなかでいちばん低い日本の場合、部下に仕事を任せず、仕事を抱え込んでいる上司が多いだろうことは容易に想像がつきます。

あるいは、場合によっては**「そもそも、だれもやらなくてもいいこと」に気づくことがあるかもしれません。**

なんとなくそれまでの慣習でやり続けていたけれど、よくよく考えてみればやらなくてもだれも困らない仕事があったりします。

かつて私がいた職場では、会計ソフトでつくった原価計算報告書を、なぜかエクセルで打ち直しカラーにしてから、役員にチェックしてもらうという謎のプロセスがありました。

よくよく話を聞いてみると、かつて暇を持て余していた事務員が始めた慣習で忙しくなった今もそれが続いているということでした。

私はその会社に転職してきた人間だったので、その違和感に気づき、頃合いをみて廃止しました。

この慣習のように、ムダなことはだれもムダだと思ってやっていないのです。ムダだとわかっていないからやっているのです。

では、どのようにして「ムダなこと」「やらなくていい仕事」を見つけるのか？

「やらなくていい仕事」を見つける5つの方法

「やらないこと」を見つけるテクニックは5つあります。

(1) セミナーに参加する

セミナーに参加すると自分の知りえなかった知識を得ることができます。その気づきを講師に質問して聞くとより一層、深く理解できることになります。

(2) 大型書店に行く

大型書店にはビジネス上のすべての困り事を解決する手段があるというのが私の持論です。

「会計」「簿記」「時間術」「リーダーシップ」「マナー」「テレワーク」「コミュニケーション」そして「人生訓」まで。あらゆる悩みに対する答えを用意して待っています。

そんな書店に行って会社や自分の弱いところの答えを探すと必ずヒントを得られるはずです。

(3) 異業種交流会、同業他社の集まりに参加する

共通の認識を持っている会社組織や自分自身だけでは、慣習に気づくことができません。

ほかの業種の人と話すことで新たな発想や閃《ひらめ》きを得ることもできます。

同業他社にも工事の仕方、利益の出し方などを聞くとこちらが考えられなかった方法を教えてくれたりします。

もちろんこちらも相手の利益につながる情報をお伝えします。シェアする精神が重要です。

(4) 転職者の意見に耳を傾ける

転職してくると次々とムダなことに気づきます。

しかし、さきほどの原価計算報告書の件についても転職してすぐに廃棄の提案をしたわけではありません。

転職してから3、4か月が経過してからです。

なぜなら「以前の会社はこうやっていましたよ」「前の会社では○○でしたよ」「これは○○したほうがいいですよ」など転職して直ぐに提案してしまうと「そんなに以前の会社が良かったら、転職しないで以前の会社にいれば良かっただろ！」と思われるのがオチです。

こちらから転職者に「転職して1か月だけど、非効率的なことってない？ ムダなところはない？」と聞くのです。

そうすれば転職者も話しやすくなり、ムダの改善につながるだけではなく、コミュニケーションをとる手段にもなります。

転職者も思っていたことがいえ、尋ねることは一石三鳥の効果を生むのです。

(5) 新入社員の話を否定しないで聴く

とかく非常識と思いがちですが、彼らには彼らの常識があります。

一見、非常識と思える話のなかに効率化、ムダの排除のヒントが隠されている場合もあります。

実際、当社では新入社員のひと言から、フレックスタイム制の導入や新会社を作るヒントを得たりしていました。

新入社員や20代の社員から意見を聞くコツは、**「会議での発言は若い順にすること」**です。

フリートークで会議を始め、影響力の大きい人が発言してしまうと、その後の発言はその人の意見に寄せたものになってしまいます。

そのため、なんのための会議かわからなくなってしまうこともしばしば。

若い順に発言していけば、そのようなことも回避され、斬新な意見を聞くチャンスが生まれます。

ルール④

朝の時間を有効活用する

多くの人がもったいない時間の使い方をしているのは「朝」です。

始業時間より早く出社しても、同僚と雑談したり、ネットサーフィンをしている人も少なくありません。

すでに述べていますが、人間の集中力は起きてから時間がたつごとにどんどん低下していきます。とくに、ランチ後は眠気もおそってきて、仕事のモチベーションが下がるのはだれでも経験することでしょう。

午前中にどのくらい仕事をこなせるかが、定時で帰れるかを左右します。

重要なのは**「会社に行ったら仕事以外のことはしない」**と決めることです。

建前としては、始業前は自由な時間であり、なにをしても問題ありません。しかし、仕事に関係のない動画を見たり、スマホでゲームをするのは効率的ではありません。


朝の時間はゴールデンタイムです。何度もお伝えしていますが、起きてから時間がたつにつれ集中力は切れていきます。

朝は、集中力がみなぎっている時間帯なのです。

そんな時間帯に、夜でもできるネットサーフィンやスマホでゲームをするのはもったいない。

ネットで情報を集めるのは昼休みの15分。

スマホでゲームをするのは、今日仕事をやり終えたご褒美に自宅でリラックスしながらなどと決めましょう。

あなたから集中力を奪うものたち

集中力を切らすのは時間だけではなく、ほんのささいな誘惑からも、リズムが切れるときがあります。

1つはSNSなどの通知音。メール、ライン、フェイスブック、ツイッター、クラブハウスなど通知をオンにしていると、通知音がなるたびにスマホを見る羽目《はめ》になります。そのたびに集中力は途切れてしまう。

図書館や書店に行って調べることなく、情報がいち早く手に入るネット環境。**時間短縮のツールであるはずのネット環境が、逆に仕事を遅らせているのです。**

電話をかけなくても情報が伝わるSNS。でもその気軽さから連絡の頻度が多くなり、貴重な時間を奪っているのです。

ネットを見る時間を決める。通知音をオフにする。それだけで時間は格段に確保できます。

ネット環境、SNSは「主役」じゃなくて「従」なんです。あくまで仕事を速く快適にするツール。そのツールに振り回されるか。使いこなすかは、あなた次第です。

2つ目は探しもの。赤のボールペンがない！　消しゴムがない！　黄色の蛍光ペンがない！　目的物が見つからないだけでも集中力が切れてしまいます。まったく生産性のない探すという行為に時間を取られてしまいます。

必要な道具（筆記用具）は、2つ以上、買っておきましょう。そのうちノートに挟まっていた赤のボールペンも、リバウンドして部長の机の下に落ちていた消しゴムも、同僚が勝手に持っていっていた黄色の蛍光ペンも、手元に戻ってきます。

通知音で確認するのも探しものをするのも、ほんの数分かもしれません。失われた数分も問題ですが、なにより仕事のリズムが崩れることが問題です。

「消しゴムがない！　どこにいったんだまったく！」と思っているうちにコーヒーを淹《い》れに行ったり、タバコを吸いに行ったりしてしまいます。

話は横道にそれましたが、朝の時間を有効活用するためには

(1) 朝から動画を見たり、スマホでゲームをしたりしない
(2) メールやSNSの通知はオフにしておく
(3) 道具は2つ以上購入しておく

この決め事をしておくだけで、ゴールデンタイムである朝の時間を集中力を切らさずに有効活用できるようになります。

リモートワーク、とくに自宅で仕事をしている人が難しいのはこの点です。自宅にいると、どうしてもプライベートとビジネスの空間的な区分けが難しくなり、ついついダラダラと仕事をしてしまうのです。

たとえ出社しなくても、落ち着いたカフェやレンタルオフィスなど、自宅から距離のある「仕事だけに専念する場所」を確保するべきです。

どうしても自宅で仕事をしなければならない場合は、書斎にプライベートなものを置かない。

雑誌、マンガの本、ＤＶＤなどがあると、そのモノに目が奪われ仕事モードに入っていけません。私は書棚にあったマンガの本やゲームソフトなどを段ボールに入れ、ガムテープでグルグル巻きにしてクローゼットにしまいました。

プライベートのものを目の前に置かないことは、住環境によって難しい面もあります。

その場合でもいい機会だと思って長年使っていないもの、不要なものは捨てる。整理整頓をしてみてください。

また仕事とプライベートを分けるためには、仕事モードに入るスイッチをいれるのもいい方法です。

たとえば自宅でも普段着ではなくスーツに着替える。顔を洗ったとき、コーヒーを飲みほしたとき、仕事モードに切り替える。

私は、仕事用のメガネにかけ替えたときに、仕事モードのスイッチが入ります。セミナー講師として登壇するときは、ネクタイの結び目を登壇直前にしめ直したときに講師モードのスイッチを入れるようにしています。

午前中に会議や打ち合わせの予定を入れない

私は午前中の2時間を「ガムシャラタイム」と呼んでいます。**この時間帯だけは「15分で区切る」というルールを忘れ、集中して取り組むべき仕事をこなすのです。**このときはメールを確認したり、電話に出たり、相談を受けたりするのをできるだけやめます。

新入社員など、立場によっては完全に雑事をシャットアウトするのが難しいこともあるかもしれません。

しかし、できるだけそのことを周知して、1つのことに集中して取り組める時間にしましょう。

会議も、できるだけ午前中ではなく、午後からにする。そして必ず「終わりの時間」を決めておきましょう。終わり時間を決めないと、本題に入る前に雑談が入ったりして長引いてしまいます。

打ち合わせも同様です。

相手の都合もあるので仕方ないところもありますが、とにかく午前中は集中して仕事に取り組める貴重な時間なので、打ち合わせもできる限り午後からにしてもらいましょう。

私は、面談や打ち合わせの時間は自分に決定権のある場合、13時30分と決めています。食後でいちばん集中力が切れている時間帯だからです。ちなみに13時にしないのは、先方の昼休みを奪ってしまう可能性があるからです。

会議や打ち合わせは、つねに自分がなにかをしゃべっているわけでもありませんから、さほど集中力が必要な仕事ではありません。

時間帯によってどの種類の仕事をするか、自分でルールを決めておくと、仕事がスムーズに進むようになります。

ルール⑤

チームで仕事を効率化する

効率的に仕事をしても、ほかの社員が非効率的な働き方だと、定時退社は難しくなります。

とくに管理職はそうです。 役職が上がれば上がるほど、部下の仕事をチェックする仕事が多くなります。

部下が提出する時間が遅くなると、チェックする時間も遅くなってしまうのです。

なかなか思うようにいかないことも多いですが、それでもコツはあります。

「自分が何時に帰るか」を告知することです。

たとえば「15時に外出して、そのまま直帰します」などと伝えると、部下は逆算してその時間に間に合うように書類などを提出してくるようになります。

その日やろうとしている仕事を部下に申告してもらうのも有効です。

経験が浅い人だと、時間の見積もりが甘く、自分のこなせる量以上の仕事をやろうとしてしまいがちです。

それを確認して、「それは今日やらないといけない仕事か」「ほかの人に手伝ってもらったほうがいいのではないか」などとアドバイスをする。

このときに大事なのは「バッファ（余裕）をつくる」という意識です。

たとえば部下に書類作成をしてもらっても、一発でＯＫを出すことはあまりありませんよね。

どこかしら修正が必要なものです。

2度目の提出からさらに再修正が必要なことも珍しくありません。

その日のうちに突発的な仕事が舞い込み、考えていたよりも仕事が進まないこともあります。

時間の見積もりが甘い人だと、こうした修正・再提出・トラブルにかかる時間をあまり考えていないことがあります。

提出期限にはバッファをもうけて指定しておくようにしましょう。

仕事に「聖域」をつくらせてはいけない

むかし、取引先のとある総務部長がこんなことをいっていました。

「石川さん、会社をクビにならない方法ってわかる？　自分じゃないとできない『聖域』をつくることだよ」

つまり、その総務部長しか知らない、その総務部長しかできない仕事を抱えることで自己保身をしていたのです。

しかしその後、その総務部長は横領事件を起こして懲戒解雇されました。

困ったのが残された人たちです。

そんな事情ですから、業務の引き継ぎも行われず、たいへん苦労したとのことでした。

この総務部長ほど意図的ではなくても「その人にしかできない仕事」が生まれがちです。

会社は組織ですから、本来そういう仕事があってはいけません。

その人しかできない仕事が増えると、**見えないところで仕事のかたよりが生まれます。**

すると一部の人だけに忙しさが集中し、仕事が進みづらくなります。その人が急な病気になったり、事故にあえば、とたんに仕事が回らなくなるリスクもあります。

人員に余裕がなくて、たいへんな会社も多いかと思います。

しかし、できるだけ同じ仕事でも複数人の担当者を配置し、ひとりしかできない仕事をつくらない工夫が必要でしょう。

手順がある程度決まっている作業なら、その仕事のプロセスをフォーマットなどでまとめて文書化し、だれでもマネできるシステムをつくっておくべきです。

フォーマットをつくるのは手間のかかる作業ですが、逆に一度つくってしまえば、驚くほど仕事がスムーズになります。

新人が入ってきたり、部署異動で違う仕事をしていた人に教えるときも、フォーマットの有無で、教える効率が格段に変わります。

この章で説明した5つのことを意識し、仕事に取り組んでみてください。

まずは残業しないという決意をし、すべて締切を決めて行う。

そうすることで、このあとの章で紹介する副業や趣味に使える時間的余裕を生み出せるのです。

第6章

人生を豊かにする転職・副業・趣味

安易な転職はかえって自分を苦しめる

いまは転職が当たり前の時代です。

20代後半〜40代では、むしろ一度も転職をしたことがない人のほうが少ないのではないでしょうか。

もちろん転職は悪いことではありません。

私自身も、これまでに4回、転職をしています。

しかし、**「いい転職」と「悪い転職」があります。**場合によっては、転職してから「結局、最初に入った会社がいちばんよかった」と後悔する人も少なくありません。

実際、転職を繰り返している人へのアンケートでは、大多数の人が「最初に入社した会社がいちばんよかった」と答えたという結果が出ています。

そこでまずは、どういう基準で転職をするべきか考える必要があります。

覚えておいてほしいのは、**「心身を壊しかねない職場からは、すぐに逃げよう」ということです。**

残念ながら、まだこの社会には長時間労働を強《し》いられる、パワハラ・モラハラ・セクハラ体質が根づいている、人格を否定される……といった会社があります。

そういった会社で働いていると心身が疲弊《ひへい》し、自己肯定感が下がり、うつ病になったり、体を壊したりしてしまいます。

そうなってからでは遅いのです。

いまはSNSで個人が発信しているおかげで明らかになる事例も多いですが、

大手だから、有名企業だからといって安心はできません。

テレビCMをバンバンやっているような会社でも、内部はドロドロ、疲れ切った人たちが働いているケースはよくあります。

よく「3年は働くべき」という言説《げんせつ》も聞きますが、こういった職場で3年も我慢する必要はまったくありません。

心や体を壊す会社なら即退職と心に刻んでから、以下をお読みください。

では、ちょっとした理不尽や人間関係の不和ならどうか？

私はそのような場合、安易に転職するのも考えものだと思っています。

会社には、多かれ少なかれ理不尽なところがあり、不満を抱えざるを得ないことがあるものです。

完全にノーストレス、自由でやりたいことをなんでもやらせてくれる会社は、ありません。

そうした不満を解消しようと転職を繰り返しても、次の会社、次の会社に不満が生まれ、いつまでも理想の会社を追い求めることになってしまいます。

では、どのくらいの理不尽や不満を我慢するべきか。

この許容範囲は個人差があります。ストレス耐性も人によって違うので、一言ではいえません。

多少キツくてもいいから給料が高いところがいい人もいれば、給料は安くてもいいから、とにかく人間関係が円満なところで働きたい人もいます。

この判断基準は、年齢によっても変わります。

転職すべきかどうかを決める2つの基準

やめるべきかとどまるべきかの基準を2つ示します。

(1) 労働時間外も拘束されるか

会社員であれば勤務時間が定められています。

極端なことをいえば、その時間内がハードワークでも、仕事の一環だと思えれば問題ありません。

ただし、

「夜中にも上司から連絡が来る」

「土日も仕事のスケジュールを入れられる」

「有給休暇が取得できない」

など、**明らかにプライベートの時間まで仕事に侵食してくる場合は、やめることを検討したほうがいいでしょう。**

（2）「人格否定」か「行動否定」か

会社であれば仕事の進め方や判断についてアレコレいわれるものです。ミスをしたり不手際があったりすれば、注意されたり怒られたりするのは当然です。

でもそのとき、**もしも「人格否定」をしてくる人がいる環境であれば、やめる判断を下してもいいでしょう。**

●「おまえは頭が悪い」「バカだ」などと能力そのものを否定される

- 「親の教育が悪い」「育ちが悪い」など家庭環境を否定される
- 「〇〇出身だから」「〇〇人だから」など出自について否定される
- 「女だから」「ゆとり世代だから」など性別や年齢で否定される

といったものが該当します。

私も、かつて上司から「お前の頭はトリ以下か？」「なにも考えてないから太ってるんだよ」などといわれ、やめる決心をしたことがあります。

「その行動は責任感に欠けている」
「それは見積もりが甘い」
「もっとこまめに報告しなさい」

など、その人の「行動」の注意・指摘であれば、適切な指導であることが多く、あなたの成長を思ってのことなのでしょう。

ほかの会社に転職したとしても、同じように指導されるのがオチです。

この場合は、自分の成長のために会社に残ったほうがいいのではないかと考えられます。

なお、時間外労働の強制や人格否定が完全に特定個人の場合……たとえば、とある上司ひとりだけなら、さらに上の上司に窮状を訴えて改善することもできるかもしれません。

転勤が多い会社なら、上司か自分の転勤を待つのもアリです（もちろん、心身を壊さないという条件つきで）。

しかし、会社の風土なら、個人がそうした文化を変えることは並大抵のことではありません。

そのために時間や労力を費やすのは、生産的ではないでしょう。

その会社を離れてしまうことが得策です。

会社が明日なくなっても大丈夫な働き方に変えよう

会社の平均寿命は約23年といわれています。

入った会社が20年後、30年後も存続している保証はどこにもありません。

そうなると、どれだけ居心地のいい会社でも、やりたいことがやれる会社でも、強制的に別の会社に移らないといけなくなりますから、**転職はだれでも考えておくべきだといえます。**

大きな企業も例外ではありません。

倒産はしなくても、たとえば外資系企業に吸収合併され、大規模なリストラが実施されたり、評価制度が刷新されるなどして**職場環境が一変してしまうことは十分ありえます。**

会社の悪い雰囲気は、内部で働いていると如実に感じることができます。

たとえば

- 優秀な人がどんどんやめていく
- 職場の雰囲気が暗くなっている
- 経営陣が秘密主義になる
- ボーナスがゼロになる
- 取引先への支払いが遅れる

こんなことがあったら、真剣に転職活動を検討したほうがいいでしょう。

そうでなくても、転職活動は随時行っておいていいものです。

転職をつねに意識していると、働き方も変わります。

「いざ転職活動するときに、アピールできることをしているか」を考えるようになるのです。

実績やアピールできることは、日々の積み重ねです。すぐにつくれるものではありません。

ふだんから

「こういう提案をして実現できれば、転職のとき、自分の実績としてアピールできるな」

と考えながら仕事をしていると、自然と能動的な働き方になるはずです。

面接試験の勉強として、力をつけることにもつながるでしょう。

「そんな動機で働くのは不純じゃないか」と感じる人も、なかにはいるかもしれません。

しかし、動機がなんであれ、社員が仕事に積極的になり、結果として会社の利益にもつながるのであれば、経営者としてもよろこばしいことです。

「いつでも転職できる」は武器になる

当然、転職を意識しているからといって、転職しなくてもいいのです。

こんな話があります。

とある人が、フリマサイトで詐欺《さぎ》を働こうとしました。

高額商品を出品して、お金だけ受け取り、逃げる作戦を考えたのです。

しかし、高額商品を買ってくれる人を見つけるには、フリマサイト内で信用を高める必要があります。

そのため、その人は、まずは低額の商品から出品し、誠実に取引をして信用度を高める努力を続けました。そうすることで、あとあと詐欺がしやすくなるからです。

やがてその人は取引を何回も繰り返し、さまざまな取引相手から信頼を得て、フリマサイト内で高い評価を持つユーザーになることができました。

しかしこのとき、彼は考えます。

はたして、この積み重ねた信頼を捨ててまで詐欺を働くことにメリットはあるのだろうか、と。

転職を念頭に置きながら会社で働くことは、この状況に似ています。

イヤな上司だけど、どうせ辞めるから、その人のノウハウをすべて吸収してから辞めようと質問攻めにしていたら、じつは頼られるのが好きな人で、丁寧に答えてくれて、いい人だとわかった。

いつも不機嫌そうなお客様だから敬遠していたけれど、「どうせそのうち会社を辞めるから、嫌われてもいいや」という姿勢でしつこく通い詰めるうちに、人見知りなだけだとわかり、成約もとれた。

いつか転職するときの実績づくりに仕事をがんばっていたら、なんだかんだ出世し、昇給できてしまった、あるいはその仕事が好きになってしまった……ということもあるのです。

その場合、その会社内で手に入れた給料と地位を捨ててまで転職をしたほうがいいものかは、白紙に戻ってしまいますよね。

転職しなくても満足しているし、いざとなれば転職することもできる。

こうした状況をつくれれば、生きるのがラクになります。

このような働き方は無敵です。

だから、転職をするかどうかは別にしても、つねに転職を意識しながら仕事をしたほうがいいのです。

副業で「お金を稼ごう」と思わないほうがいい

副業はやってもいいし、やらなくてもいいものです。

本業でしっかり成果を出し、いつでも転職するのに困らない人は、副業をする必要はないかもしれません。

しかし、仕事で成果を出せるかどうかは運にも左右されます。苦手ではないけれど、すごく得意ともいえない仕事についている人もいるでしょう。

あるいは、手柄を横取りする上司の下で働いている、直属の上司に嫌われているなど、どれだけがんばってもなかなかアピールポイントをつくりにくい環境にいる人もいます。

そういった人は、仕事をしっかり定時で終わらせ、残ったプライベートの時間を使って副業をしたり、資格試験の勉強をしたりしてもいいでしょう。

副業を始めるときに大事なのは「お金を稼ぐことを第一の目的にしない」ことです。

副業は基本的に「会社の仕事では得られないなにか」を手にするために行うべきだ、というのが私の考え方です。

具体的には「人にアピールできる実績」「やりがい・楽しさ」「人とのつながり」などです。

たとえば、本を読んだり、文章を書いたりするのが好きだけど、仕事ではそういうことを活かす機会がない人がいるとします。

この人がブログを開設してアクセスを集め、アフィリエイト収入を得たり、出版社の人から声がかかって本を出版できたら、「実績」「やりがい」「人とのつながり」を手に入れることができます。

もちろん副業は仕事の一環ですから、収入があるものを指します。**しかし、大事なのはお金を稼ぐことではなく、「自分の能力を活かしてお金を稼ぐことができた」という体験なのです。**

こういった体験で、私たちは人生を豊かにすることができるのです。

副業を持つことができれば、会社員としての本業をもっと割り切ってこなせるようになります。**副業の時間を持つために、定時までは生産性の高い働き方をしようという意識も働きます。**

副業は「小遣い程度」から始めよう

さきほど述べた「ブログ→アフィリエイト→出版」という流れは、成功パターンです。ブログを開設しても、うまくいかないこともあります。

思ったよりアクセスが伸びず、アフィリエイト収入がゼロ、発生しても月に数百円だけ、なんてこともあります。自分の力でお金を稼ぐのは、簡単ではないと感じることもあります。

でも、それでもいいのです。

なぜなら、会社員は給料という安定収入があるからです。

なかなかお金にならなくてモチベーションが上がらなければ、ブログの更新を止めてしまってもいいでしょう。それができるのが、副業のメリットです。

その意味では、**副業を始めるときに最初からお金をかけるのは、やめたほうがいいと思います。**

たとえばブログにしても、本格的にやろうとすればサーバーを契約したり、独自ドメインを取得したほうがいいものですが、最初からそういうコストをかける必要はありません。

ブログだったら、それこそアクセスがそこそこ集まり、もっとちゃんとブログで集客したいと検討するレベルになってからでいいのです。

初期投資は少なめにして、軌道に乗ってから投資をするなど、動きながら修正、バージョンアップしていくことをお勧めします。

副業を始めるときの注意点

副業は気軽に始めていいものですが、いくつか注意点があります。

まずは、会社の許諾《きょだく》を得ることです。

第1章でも述べましたが、副業を認める風潮が強まったとはいえ、いまだ副業を禁止している会社もあります。

あるいは、副業をする場合は会社に申請を求められることもあります。

そうしたことに従わず、勝手に副業をしていることがバレると、最悪の場合、懲戒解雇処分になることもあります。

また、副業に時間や労力をかけすぎて、本業に支障をきたしてしまうのは論外です。

自分の好きなことを副業にしていると、**ついつい夜中までやってしまうこともありますが、睡眠不足は百害あって一利なしです。**

とくに注意したいのは、副業が軌道に乗ってきたときでしょう。

副業でも毎月ある程度の収入が得られるようになると、最初は楽しくてやっていた副業を義務のように感じてしまうことがあります。

もともとはブログを書くのが楽しくてやっていたのに、「今日もブログを書かなければいけない」という焦りを抱えるような状況です。

副業というのは、「お金も稼げる趣味」のようなものです。

副業のせいで体調を崩したり、ストレスを抱えてしまうのは本末転倒。そんな副業は思い切ってやめてしまったほうがいいのです。

私は5つの仕事を掛け持ちしていますが、なぜ続いているかというと、どの副業も私自身が楽しんでいるからです。

「やってもいいし、やらなくても問題ない」

そういうスタンスで、気軽な気持ちで行うことが、副業を楽しみながら続けるコツです。

副業の収入はあくまで副次的なもの

もう1つの注意点は、**「副業の収入を当てにしすぎること」**です。

副業でそこそこの収入が確保できるようになってきた人が陥りがちなワナといえるでしょう。

第3章で説明したパーキンソンの第2法則を思い出してほしいのですが、人は収入が増えると、それにともなって支出も増やしてしまいがちです。

しかし、副業の収入は、会社員の給料のように毎月安定して入るものではありません。

私がセミナー講師やコンサルタントの仕事が新型コロナの影響を受けたように、景気に大きく左右されます。

ユーチューブに参入する人は増え続けているため、ユーチューブで副業をしている人はライバルが増えることで視聴回数が減るかもしれません。副業で広告収入を見込んでいたのに、それが減ってしまうこともありえます。

ブログのアフィリエイト報酬も、たとえばグーグルなどの規約やルールが変わってしまえば、同じことをしていても、いきなり収入がガクンと下がることも考えられます。

副業によって得られる収入はあくまでもオマケのようなものであり、それを当てにして生活してしまうと、いざというときにピンチになることは肝に銘じておいたほうがいいでしょう。

副業用の口座を別につくり、副業の収入はそこに入れて使わないようにするのもいい方法です。そうすれば、貯まるよろこびを感じつつ、余計な出費を抑えることができます。

そしてなにより、貯まっていくことで安心を得ることができるのです。

趣味を持ち、人生を充実させよう

本書では、私は「会社員としての仕事は定時に終わらせよう」と繰り返し主張してきました。

なぜかといえば、**私たちの人生は、仕事のためだけにあるわけではないからです。**

私たちの目的は楽しく、充実した人生を送ることです。

仕事は、それを実現するための手段の1つでしかありません。

手段としての仕事には2つの使い方があります。

1つは、仕事そのものを楽しむということです。

仕事に夢中になったり、仕事を楽しんだり、仕事にやりがいを見出したり、社会貢献を実感したり、人から感謝されることによろこびを見出すことができます。

ただ、こうした仕事をすべての人ができるわけではありません。

世の中には、どうしても仕事にやりがいを見出せない、仕事を楽しいと感じられない人もいます。

2019年度に内閣府が行った『国民生活に関する世論調査』では、働く目的が「お金を得るために働く」という回答が全体の56・4%だったのに対し、「生きがいを見つけるために働く」という回答は17%だけでした。

仕事を楽しめていない人のほうが多数であることが窺《うかが》い知れます。

そういう人に対して「仕事を楽しもう」「やりがいをもって取り組もう」というのは、かえって残酷な気もするのです。

そこで本書で提案したのが、仕事のもう1つの考え方です。**会社の仕事は、あくまで生活のためのお金を稼ぐ手段と割り切り、楽しみややりがいは仕事以外で見つける、というスタンスです。**

こういった仕事との付き合い方のほうが性《しょう》に合っている、という人も少なくないのではないでしょうか。

会社員にお勧めしたい4つの趣味

これからの時代は、仕事以外をいかに楽しめるかが重要になってきます。

副業についてはすでにお話ししましたが、「趣味」を極めるのも楽しいです。

これは、若いうちに見つけておくべきでしょう。**なにか熱中できることを見つけることが大切です。**

年をとってから新しく始めようと思っても、どうしても体力が衰《おとろ》え、新しいことに挑戦するのが億劫《おっくう》になってしまいがちです。若いころに覚えたことを老後に行っていくのがいいのです。

老後になってからも取り組み続けられる趣味をいくつか持っておくことを考えてみてください。

趣味は、副業以上に気楽に考えられます。やったことがないものがあるなら、まずは一度チャレンジしてみましょう。

私が個人的にお勧めするものをいくつかご紹介します。

(1) 運動・スポーツ

健康はすべての土台です。定期的な運動をすることで睡眠の質が高まったり、仕事の集中力も高まったりします。

ジョギング、水泳、筋トレ、ゴルフ、釣り、ボウリング、スキーなど、いろいろありますよね。

ひとりでできるものもあれば、フットサルのようにチームプレーを楽しみ、そこで新しい出会い、仲間をつくることができるかもしれません。

（2）読書

仕事に役立つビジネス書や自己啓発書を読むのもいいですが、たまには人文書や、仕事とはまったく関係ない専門書を楽しむのもいいでしょう。

とくに小説は自分の好みに合うジャンル、作家を見つけることができれば、浮世のことを忘れてその世界に没頭できます。

専門書だとちょっと値が張ることもありますが、文庫本なら1000円以下、単行本でも2000円くらいで楽しめるので、コスパのいい趣味です。

作家活動もしている私としては、できれば本は書店で買って読んでほしいところです。

ただ、たくさん読んでいるとそれなりの出費になるし、場所もとります。

近所の図書館に行って、おもしろそうな本を探してみるのも一興《いっきょう》です。

読書は時間や場所を選ばないのもメリットです。もちろん、マンガやライトノベルなどでもかまいません。

（3）映画鑑賞

映画鑑賞もお勧めです。

とくに最近は定額制サービスがいろいろあり、スマホでも手軽に映画鑑賞ができる時代になりました。

読書はある程度集中力が必要だったり、難しい本だと途中で投げ出してしまったりすることがありますが、映像作品はそれよりもハードルが低いのではないでしょうか。

もちろん、映画でなくてもドラマやアニメ、ドキュメンタリーなどもいいと思います。

（4）勉強

勉強は「しなければならないもの」という意識の人は多いと思います。

学生時代はもちろん、社会人になっても会社の業務で必要な資格を勉強せざるを得なかったという人もいるでしょう。

そうした勉強は苦痛に感じてしまいがちですが、自分で能動的に行う勉強はとても楽しいものです。

とくに資格試験は、新しいことを学びながら新しい知識を着々と身につけ、試験という本番でその成果を試すことができます。勉強からしばらく離れていた人にこそ、ぜひ一度挑戦してみてもらいたいです。

どんな勉強でもかまいません。

仕事に役立ちそうなものでもいいし、フラワーアレンジメントとか世界遺産検定とか、趣味の資格も驚くほどたくさんあります。どんな資格があるのか、探すこと自体も楽しいです。

趣味はアウトプットとセットにしよう

趣味に関してはもう1つアドバイスがあります。

それは「アウトプットしてほしい」ということです。

ベストセラー『学びを結果に変えるアウトプット大全』の著者で、日本一アウトプットしている精神科医の樺沢紫苑先生が主張されていることですが、アウトプットを実践することで、自分が学んだこと、経験したことがより深く刻み込まれ、自己成長につなげることができます。

たとえば、ジョギングをしたら「今日は何キロ走った」などと記録をつけるのもいいですし、読書をしたら、簡単でいいから感想をメモしておく、などがアウトプットに当たります。

これらはノートにまとめるのもいいでしょう。

また、いまはネットのサービスで自分が走った距離を測定して「見える化」してくれたり、読書感想文を投稿できるサイトもあります。

こうしたサービスを使ってＳＮＳに投稿したりしていると、同じ趣味を持った仲間がつくれることもあります。

また単純に、自分がやったことが「見える化」され、積み重ねられている様子がわかると、それがまた楽しく感じたりするのです。

人生を楽しむ方法はいくらでもあります。

仕事に楽しみを見出す人もいれば、副業に楽しみを見出す人、趣味に楽しみを見出す人、家族との団らんに楽しみを見出す人もいるでしょう。

仕事が楽しくないのであれば、仕事以外のところで楽しみを見出せればそれでいいのです。

ぜひ、あなただけの楽しみを見つけてください。

おわりに

最後までお読みいただき、ありがとうございます。

会社員を楽しむコツ。

それはひと言でいえば、「どっちでもいい」という精神を持つことです。

- 飲み会に行ってもいいし、行かなくてもいい
- 出世しようと燃えてもいいし、専門職で貢献しようと思ってもいい
- 会社の人と仲良くしてもいいし、苦手なら無理して仲良くしなくてもいい
- 仕事に楽しみを見出してもいいし、趣味を楽しんでもいい
- 資格試験の勉強に励んでもいいし、しなくてもいい
- インドアを楽しんでもいいし、アウトドアを楽しんでもいい

どっちでもいいんです。

自分の人生は自分で選ぶ。自分の時間は自分のもの。

だれかの指図や「こうあるべき」という外圧を気にすることなく、人生を楽し

めばいいのです。

たとえば、学校に行ってもいいし、行かなくてもいい。その選択肢があれば、親も体面を気にせず子どもに休んでいいと伝えることができたら、自殺する子も減ると思うんです。

大人だっていっしょです。会社に行ってもいいし、行かなくてもいい。その選択肢があれば、自分の身体のＳＯＳに気づくこともでき、心の病いになる会社員も減ると思うんです。

世間は生きづらくなっています。

なにかあれば炎上、なにかあれば批判され、とことん追い詰められます。少数の意見なのに広告を取り下げられたり、ＣＭが打ち切られたり。

しかし、「これが正解だ！」というものって、本来ありません。

「こうあるべき」という一択主義がなくなり、たくさんの選択肢のなかから好きなものを選んでいく。そんな考えが定着すれば、仕事も人生も楽しくなると思いませんか？

多様性の時代になっています。

どんな働き方がいいのか、どんなコミュニケーション方法がベストなのか。大原則はあるかもしれませんが、一人ひとり違うのです。

多様性を認め合う社会になれば、もっと人生を楽しむことができるんです！

この書籍が、そんな多様性を認め合えるヒントになれば幸いです。

最後になりましたが、出版にあたり協力いただいた多くの方々に、この場を借りて御礼申し上げます。

きずな出版の澤有一良さん。

「会社員生活25年の立場でのみならず、個人事業者、税理士、セミナー講師の視点から、先行きが見えない、行き詰まった状況、不透明な未来に不安を抱えている会社員の方にエールを贈る本を書いてください」と声をかけていただき、ありがとうございます。

改めて気づいたのは、会社員がすばらしいポジションであること。かつ、会社に縛られず自由に人生を謳歌できること。澤さんのお陰で、私の気づきや思い、生きやすい対処法を伝える書を書くことができました。ありがとうございます。

グリットコンサルティング代表の野口雄志社長、スーパー会社員の先輩として、いつも適確なアドバイスをありがとうございます。

友人で税理士でもある土屋和伸先生。原稿チェックありがとうございます。

田舎にいるお母さん。他界した父も期待していた教員の道。期待にそむき父や祖父と同じ教員になることをやめ、会社員の道を選んだけど、そのお陰で会社員にエールを贈る書籍を書くことができました。

真理、天聖、凜。どんな状況でも、どんなことでも楽しみに変えることができる3人をみていて、この本を書くヒントを得ることができたよ。

そして最後にもう一度。この本を読んでくださったあなた。

この本に出合ってよかったと思っていただけたら、本当に嬉しいです。

著者プロフィール

石川和男（いしかわ・かずお）

平日は建設会社の総務・経理部長、その他の時間で税理士、大学講師、時間管理コンサルタント、セミナー講師、ビジネス書著者として活動するスーパーサラリーマン。

1968年北海道生まれ。大学卒業後、建設会社の経理部に配属されるも、20代後半で一念発起して税理士資格を取得。「勉強法」「チームマネジメント」「時間管理術」などをテーマに、講演、セミナー、著作活動を行っている。おもな著書に『仕事が「速いリーダー」と「遅いリーダー」の習慣』（明日香出版社）、『仕事が速い人は、「これ」しかやらない』（PHP研究所）、『最新ビジネスマナーと今さら聞けない仕事の超基本』（朝日新聞出版）、『残業ゼロのノート術』（きずな出版）など多数。

「会社員」として生きる。

2021年12月10日　第1刷発行

[著者]　石川和男
[発行者]　櫻井秀勲
[発行所]　きずな出版
東京都新宿区白銀町1-13　〒162-0816
電話03-3260-0391　振替00160-2-633551
https://www.kizuna-pub.jp
[印刷・製本]　モリモト印刷

ISBN978-4-86663-157-8

きずな出版